Martin Biastoch

Rom und die Römer

Latein kann ich auch
Kopiervorlagen für Kinder

Vandenhoeck & Ruprecht

TOP TEN

Mit Zeichnungen von Katrin Wolff.

Bibliografische Information der Deutschen Nationalbibliothek

Die Deutsche Bibliothek verzeichnet diese Publikation in der Deutschen Nationalbibliografie; detaillierte bibliografische Daten sind im Internet über http://dnb,d-nb.de abrufbar.

ISBN 978-3-525-79011-3

© 2008, Vandenhoeck & Ruprecht GmbH & Co. KG, Göttingen
Internet: www.v-r.de
Alle Rechte vorbehalten. Das Werk und seine Teile sind urheberrechtlich geschützt. Jede Verwertung in anderen als den gesetzlich zugelassenen Fällen bedarf der vorherigen schriftlichen Einwilligung des Verlages.

Printed in Germany.
Druck und Bindung: Hubert und Co., Göttingen

Gedruckt auf alterungsbeständigem Papier.

Inhalt

Hinweise zum Arbeiten, Staunen und Spaßhaben ... 4

Leben in Rom
- Die Gründung Roms ... 7
- Die Götter der Römer ... 9
- Die römische Familie ... 11
- Markt in Rom ... 12
- Schule in Rom ... 14
- In der Freizeit ... 15
- In der Arena ... 16
- In den Thermen ... 17
- Auf dem Bauernhof ... 19

Die Sprache der Römer
- Lateinische Buchstaben ... 26
- Latein – die Sprache Europas ... 27
- Unser tägliches Latein ... 29
- Sprechen Computer Latein? ... 31
- Wörterschmiede ... 32

Wie Römer rechnen
- Zahlen der Römer ... 34
- Römische Zahlen heute ... 37
- Würfeln wie die Römer ... 38
- Der römische Kalender ... 40

Rom und die Welt
- Rom – Hauptstadt der Welt ... 42
- König, Republik und Kaiser ... 43
- Steckbriefe römischer Kaiser ... 46
- Berühmte Römer ... 49
- Steckbriefe römischer Frauen ... 50

Latein für uns
- Sprüche ... 53
- Latein in der Werbung ... 55
- Memoria latina ... 56
- Latein-Domino ... 59
- Die große Wissens-Rallye ... 62
- Die Schlacht im Teutoburger Wald ... 63

Hinweise zum Arbeiten, Staunen und Spaßhaben

Latein hat jungen Menschen viel zu bieten. Ihnen ist die römische Kultur und ihre Sprache oft unbekannt. Mit diesen Materialien entdecken sie, wie Menschen in römischer Zeit, vor etwa 2000 Jahren, in Europa gelebt haben. Hierbei merken Kinder, dass es viele Gemeinsamkeiten zwischen römischer Lebensweise und unserer eigenen gibt, aber auch deutliche Unterschiede. Sie erfahren, wie prägend die römische Zivilisation auf unsere Gegenwart wirkt: die in der Grundschule gelernte Schrift ist lateinisch, unseren Kalender hat ein Römer eingeführt, die lateinische Sprache ist die Mutter vieler europäischer Sprachen, viele deutsche Worte stammen aus dem Lateinischen.

In fünf Bereichen kommen die Kinder den Römern näher: Ausgehend von der berühmten Gründungslegende der Stadt („Romulus und Remus") und den antiken Göttern lernen sie das Leben in Rom vor etwa 2000 Jahren kennen: Familie, Markt, Schule und Freizeitgestaltung in der Arena oder den Thermen bilden einen ersten Schwerpunkt. Bei den nächsten Arbeitsblättern geht es um die römische Sprache, das Lateinische, und ihr Fortleben in unserer Gegenwart. Hier erhalten die Kinder erste Einblicke in die europäische Dimension des Lateinischen, in dem sie einzelne Begriffe aus dem Lateinischen im Italienischen, Französischen, Spanischen und sogar Deutschen wiedererkennen.

Ähnlich bei den Zahlen: Zunächst lernen sie die römischen Zahlen kennen und mit ihnen umzugehen. Dann können sie ihre Erkenntnisse zur Erklärung unseres Kalenders und anderer Maßeinheiten anwenden. Schließlich soll ein Würfel gebastelt werden. Die Schüler festigen im Würfelspiel ihre Zahlenkenntnisse und haben Spaß am gemeinsamen Spiel.

Schließlich gewinnen die Kinder erste Einblicke in die geschichtliche Bedeutung des römischen Reiches. Sie lernen die antike Millionenstadt Rom kennen und erfahren vom Wechsel der Staatsformen vom Königtum über die Republik zum Kaisertum. In selbstständiger Beschäftigung mit Nachschlagewerken und dem Internet können die Kinder Steckbriefe einiger römischer Kaiser und einiger berühmter Römerinnen und Römer erstellen.

Lehrerinnen und Lehrer, die selbst in der Schule Latein gelernt haben und vielleicht sogar das Latinum erworben haben, bedenken bitte, dass diese ganz jungen Schülerinnen und Schüler noch keinen sicheren Umgang mit grammatischen Fachbegriffen haben. Deswegen wurde im Sinne einer didaktischen Reduktion auf grammatische Terminologie fast vollständig verzichtet. Das kann und soll später kommen. Hier geht es um eine Erstbegegnung mit Latein und der römischen Kultur. Die Schülerinnen und Schüler erfahren, wie vielfältig die Themen des Lateinunterrichts sind. So erhalten sie eine Vorstellung davon, womit sich der Lateinunterricht im 21. Jahrhundert beschäftigt.

Diese Arbeitsblätter sind alle mehrfach erprobt worden. Vielfach können sogar Kinder aus der dritten Klasse mit ihnen Erfahrungen sammeln. Aber auch Schüler der unteren Klassen des Gymnasiums – die mit Latein beginnen wollen oder gerade begonnen haben – bearbeiten gern die Angebote dieses Heftes.

Die Materialien können Blatt für Blatt eingesetzt werden. Sie eignen sich für Partner- und Gruppenarbeitsphasen ebenso wie für konzentrierte Einzelbeschäftigung. Jede Seite ist in der Regel in sich abgeschlossen. Die Bearbeitungszeit kann variieren, sie hängt auch vom individuellen Arbeitstempo jedes einzelnen Kindes ab.

„Rom und die Römer" sind ein prima Thema für Projekttage in der Grundschule, für Freiarbeitsphasen oder für eine regelmäßig stattfindende Latein-AG, die den Kindern Lust machen soll, an der weiterführenden Schule Latein zu beginnen. Denn Latein ist über alle Grenzen hinweg typisch für Europa. Latein sollte man kennen. Die Materialien sind so vorbereitet, dass sie auch in Stillarbeit gut funktionieren; mit Partner oder in Gruppen entfalten sie ihre volle Dynamik.

Ausgewählte Kinderbücher, Sachbücher und andere Medien

Die Materialien eignen sich zur Vorbereitung, aber vor allem auch als Leseempfehlung für die Kinder.

Baussier, Sylvie: Wissen mit Pfiff. Die Römer. Was Kinder erfahren und verstehen wollen, Fleurus, Köln 2000
Connolly, Peter: Die alten Römer, Tessloff, Nürnberg 2001
– / Blank-Sangmeister, Ursula: Colosseum. Arena der Gladiatoren, Reclam, Ditzingen 2005
Crisp, Peter: Die Römer und ihre Welt, Tessloff, Nürnberg 2000
Harris, Nicholas / Dennis, Peter: Abenteuer Zeitreise. Feuerregen auf Pompeji, Bibliographisches Institut Mannheim 2001
Künzl, Ernst: Das alte Rom. Was ist Was 55, Tessloff, Nürnberg 2000
Rudel, Imke: Römer-Wissen. Leselöwen, Loewe, Bindlach 2006

Ardagh, Philip / King, Colin: Detektiv im alten Rom, Ars edition, München 2001
Ruttmann, Irene: Titus kommt nicht alle Tage, dtv, München 1989
Stöver, Hans D.: Quintus geht nach Rom, dtv, München 1996
– : Quintus in Gefahr, dtv, München 1991
– : Quintus setzt sich durch, dtv, München 1993
Terhart, Franjo: Das Geheimnis der Amphore, dtv junior, München 2006
Winterfeld, Henry: Caius, der Lausbub aus dem alten Rom. Alle Abenteuer in einem Band, Cbj, München 1979

Nützliche Links

Lateinforum.de
Prolatein.de
Gottwein.de
Latein24.de
roma-antiqua.de

Leben in Rom

Die Gründung Roms

Heute ist Rom die Hauptstadt Italiens, aber die Stadt ist schon über 2750 Jahre alt! Zu ihrer Gründung gibt es eine spannende Geschichte.

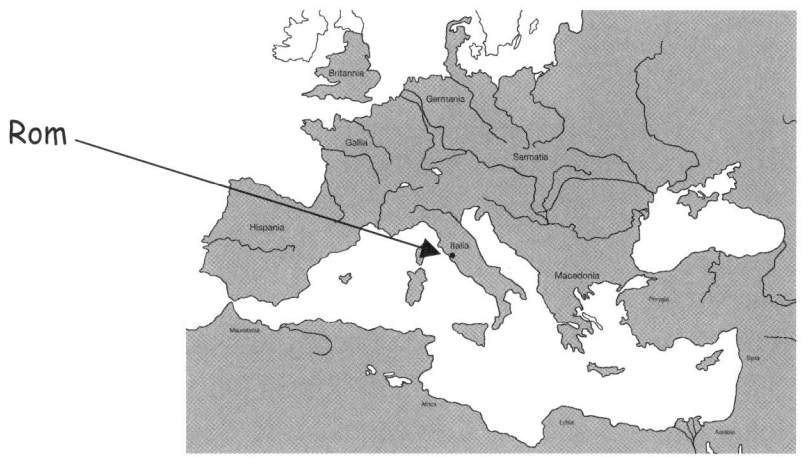

Einst war Numitor in der Stadt Alba Longa König. Sein jüngerer Bruder Amulius wollte aber selbst herrschen, verbannte ihn und machte sich zum König. Numitors Tochter Rhea Silva musste Priesterin der Göttin Vesta werden, in deren Dienst sie keine Kinder bekommen durfte. Nach einiger Zeit verliebte sich der Kriegsgott Mars in die schöne Priesterin und sie wurde schwanger und gebar Zwillinge. König Amulius fürchtete, dass Rhea Silvas Söhne ihn vom Thron vertreiben könnten, da sie ja die Enkel des rechtmäßigen Königs waren. Deswegen ließ Amulius beide Kinder, die in einem Weidenkörbchen lagen, in den Fluss Tiber werfen. Die beiden Jungen trieben eine Zeit lang auf dem Tiber, bis das Körbchen sich am Ufer im Schilf verfing. Das Geschrei der hungrigen Kinder hörte eine Wölfin, die in der Nähe war.

Was denkst du: Was passierte dann?

_____

_____

_____

_____

_____

_____

Leben in Rom

Die Wölfin brachte die Kinder in ihre Höhle am Berg Palatin und säugte sie. Einige Zeit später, die Wölfin war gerade im Wald unterwegs, kam der Hirte Faustulus in die Nähe der Höhle, hörte Kindergeschrei und nahm die beiden kurzentschlossen mit. Faustulus und seine Frau Larentia gaben den beiden die Namen Romulus und Remus. Die Kinder wuchsen zu kräftigen Männern heran.

Später beschlossen sie, an der Stelle, wo sie gerettet worden waren, eine Stadt zu gründen. Romulus spannte zwei Rinder vor seinen Pflug und markierte auf dem Palatin die Stadtgrenze. Da Romulus und Remus sich nun nicht einigen konnten, wer König in der neuen Stadt sein sollte, kam es zum Streit. Als Remus über die noch sehr niedrige Stadtmauer spottete, tötete Romulus seinen Bruder und benannte die Stadt nach sich: Rom.

Schreibe alle Eigennamen aus der Geschichte heraus und erkläre sie.

Numitor =	König in der Gegend des heutigen Rom	

Leben in Rom

Die Götter der Römer

Die Römer bauten für ihre Götter Tempel. Diese Bauwerke sahen sie als Wohnung der Götter an, die ein Mensch nicht ohne weiteres betreten durfte. Im Tempel selbst stand ein kostbares Bildnis der Gottheit und davor oft zahlreiche wertvolle Weihgeschenke. Nur die Priester durften den Tempel betreten.

Vor dem Tempel stand der Altar. Auf dem Altar wurden Opfergaben verbrannt. Geopfert wurden meist Tiere, Schafe, Ziegen oder Stiere, manchmal auch Hühner. Die Gläubigen versammelten sich vor dem Tempel und in der Nähe des Altars. Dort wurden die nicht verzehrbaren Teile des geschlachteten Tieres verbrannt. Die genießbaren Fleischstücke wurden an die Gläubigen verteilt. So waren viele Opfer auch mit einem Festessen verbunden.

Antike Tempel waren bunt. Male diesen Tempel an!

Kannst du Gemeinsamkeiten / Unterschiede zwischen einem antiken Tempel und einer christlichen Kirche oder einer Moschee erkennen?

Leben in Rom

_____ _____ _____

_____ _____ _____

_____ _____ _____

Ordne den Götterbildern die richtigen Namen zu:
Jupiter, der Göttervater; seine Frau Juno; der Kriegsgott Mars; Venus, Göttin der Liebe; der Meeresgott Neptun; Ceres, Göttin der Fruchtbarkeit; Diana, Göttin der Jagd; Minerva, Göttin der Weisheit; Merkur, der Götterbote.

Vielleicht kennst du auch die griechischen Namen dieser Götter?
Jupiter - ?   Ceres   – Demeter
Juno   – Hera   Diana   – Artemis
Mars   - Ares   Minerva - Athene
Venus   – ?   Merkur - ?
Neptun   – ?

Male die Götter bunt.

Leben in Rom

Die römische Familie

Anders als bei uns bezeichnet der lateinische Begriff „familia" nicht nur die Blutsverwandten, sondern alle im Haushalt lebenden Personen, auch die Sklaven. Bei den Bezeichnungen für väterliche und mütterliche Verwandtschaft wurde unterschieden.

1. Generation: avus + avia   avus + avia

2. Generation: patruus amita pater + mater avunculus matertera

3. Generation: filius filius filia filia

Übersetze den lateinischen Stammbaum ins Deutsche:

1. Generation: _____

2. Generation: _____

3. Generation: _____

Setze jetzt die Namen deiner Familie ein:

1. Generation: _____

2. Generation: _____

3. Generation: _____

Markt in Rom

Eine Großstadt wie Rom hatte viele Marktplätze. Einer von ihnen lag am Tiber, der durch Rom fließt. Geschäftiges Treiben herrscht hier.

Was kannst du erkennen?

Findest du Gemeinsamkeiten zwischen einem römischen und einem heutigen Markt?

_____
_____
_____
_____

Welche Unterschiede beim Einkaufen damals und heute gibt es?

_____
_____
_____
_____

Leben in Rom

Trage die lateinischen Begriffe in die linke Spalte ein und schreibe die deutsche Bedeutung in die rechte Spalte.

Schule in Rom

Der Lehrer einer römischen Schulklasse ist neu. Er hat eine Liste mit den Namen seiner Schüler und er möchte, dass immer zwei Jungen und zwei Mädchen an einem Gruppentisch sitzen. Die Kinder heißen:

Livia, Marcus, Julius, Laurentia, Cornelia, Claudia, Lavinia, Secundus, Brutus, Corinna, Faustus, Julia, Cornelius, Antonius, Quintus, Juliana

Trage die Namen in den Sitzplan ein:

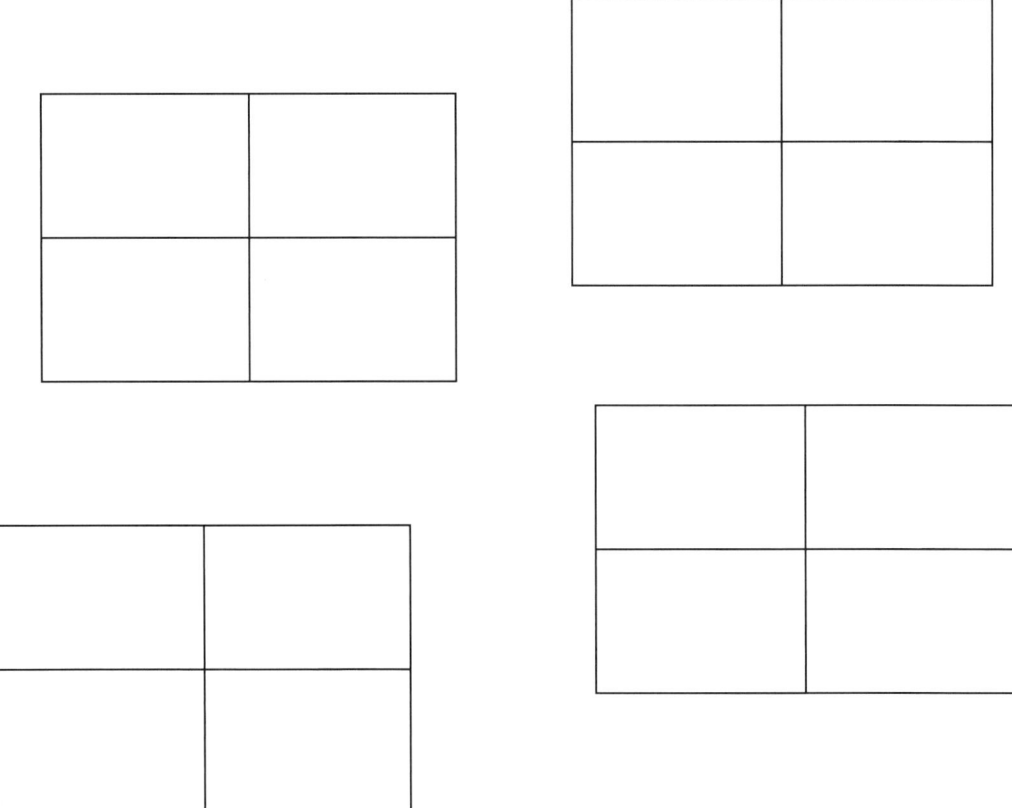

Woran hast du erkannt, ob das Kind ein Junge oder ein Mädchen ist?

Endet der Name auf den Buchstaben _____, dann ist das Kind ein Mädchen, die Endung ist weiblich. Endet der Name auf die Buchstaben _____ und _____, ist das Kind ein Junge, die Endung ist männlich.

Leben in Rom

In der Freizeit

Oft gab es Festtage in Rom. Dann war schulfrei und die Menschen trafen sich, um Pferderennen, oder Theateraufführungen anzuschauen.
Die Römer gingen gern dorthin. Und sie hielten sich gern dort auf.

 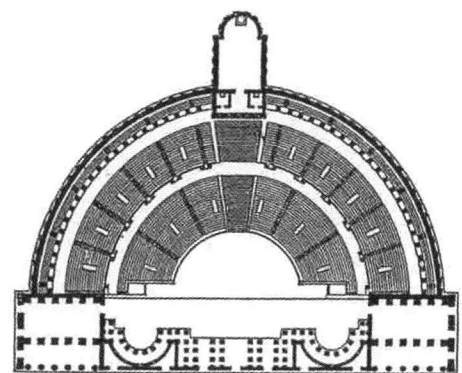

Vor allem: Sie unterschieden sehr genau zwischen Weg und Ort.

Die Frage nach dem Weg heißt auf Deutsch: _____

Die Frage nach dem Ort heißt auf Deutsch: _____

Markus kommt ins Theater.   Marcus in theatrum venit.
Tullius sitzt im Theater.   Tullius in theatro sedet.

Ordne nach diesem Beispiel die Ausdrücke in die Tabelle ein:

in circo maximo; in theatrum; in theatro, in colosseum; in scholam; in circum maximum; in colosseo, in schola

Wohin?	Wo?

In der Arena

Zur Unterhaltung besuchten Römer gern Gladiatorenkämpfe. Gladiatoren waren oft Kriegsgefangene oder zum Tode verurteilte Verbrecher. Mit verschiedenen Waffen mussten sie gegeneinander oder gegen wilde Tiere kämpfen, bis einer der Gegner tot war. Wer siegte, durfte weiterleben – bis zum nächsten Kampf.

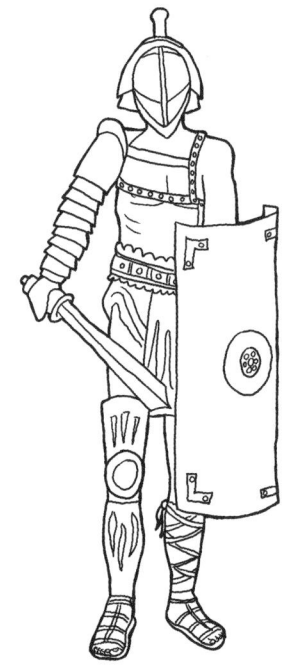

Zieh die Gladiatoren farbig an und male „Gegner" dazu.
Was wisst ihr noch über Gladiatoren?

Leben in Rom

In den Thermen

Die Römer hatten in ihrer Stadt viele Badeanstalten, die sie Thermen nannten. Die Thermen waren wie riesige Paläste mit vielen Räumen, in denen verschiedene Becken mit kaltem oder warmem Wasser vorhanden waren. Beheizt wurden die Thermen über eine Fußbodenheizung oder eine Wandheizung, d.h. dass unter dem Fußboden oder hinter der Wand Rohre verlegt waren, die heißen Wasserdampf führten. Der heiße Wasserdampf erwärmte den Fußboden oder die Wand und so ging die Wärme auf die Luft über.

In den Thermen konnte man sich auch massieren lassen, sich vorlesen lassen, Sport treiben, essen und trinken oder sich einfach mit Freunden unterhalten und ausspannen. Auch in den eroberten Provinzen ließen die Römer Thermen erbauen. In Deutschland gibt es in Trier prächtige Thermenanlage aus römischer Zeit: die Kaiser-Thermen.

Zähle auf dem Grundrissplan die Zahl der Räume insgesamt und die Zahl der Wasserbecken.

Die Kaiser-Thermen in Trier haben _____ Räume und _____ Wasserbecken.

Trage ein, welche Gemeinsamkeiten und welche Unterschiede zwischen diesen Thermen und „deiner" Badeanstalt erkennbar sind.

Gemeinsamkeiten	Unterschiede

Wie sind die Unterschiede zu erklären? Was gefällt dir besser?

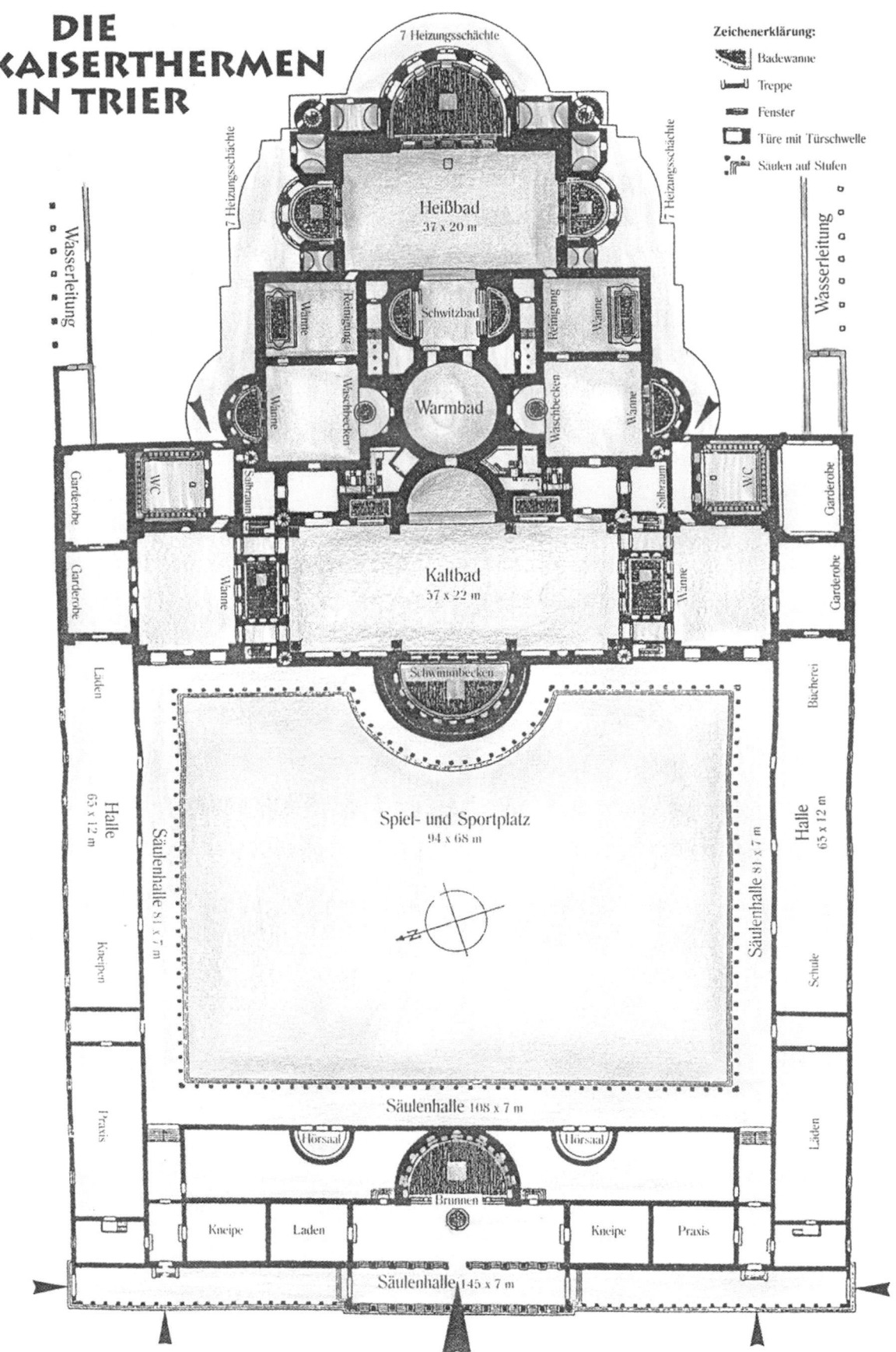

Leben in Rom

Auf dem Bauernhof

Suche alle Personen (es sind 8), alle Tiere (es sind 11) und alle benannten Sachen / Pflanzen (es sind 13) auf dem Bild. Trage sie in die Tabelle und übersetze sie. Findest du alles?

Personen (8)	Deutsche Bezeichnung

Tiere (11)	Deutsche Bezeichnung

Sachen / Pflanzen (13)	Deutsche Bezeichnung

Leben in Rom

Betrachte die Bilder und übersetze die lateinischen Sätze.

 Puer stat.

 Puella currit.

_____

 Agricola vocat.

 Servus audit.

_____

 Domina sedet.

 Dominus laborat.

_____

 Puella rogat.

 Dominus respondet.

_____

Unterstreiche bei den Tu-Wörtern (Verben) den letzten Buchstaben.

Betrachte die Bilder und übersetze die lateinischen Sätze.

 Pueri stant.

 Puellae currunt.

___

 Agricolae vocant.

 Servi audiunt.

___

 Dominae sedent.

 Domini laborant.

___

 Puellae rogant.

 Domini respondent.

___

Unterstreiche bei den Namenwörtern (Nomen) und den Tu-Wörtern (Verben) die Buchstaben, die sich verändert haben.
Fällt dir etwas auf? Kannst du den Zusammenhang erklären?

Leben in Ro

Übersetze ins Deutsche, was auf den Bildern passiert.

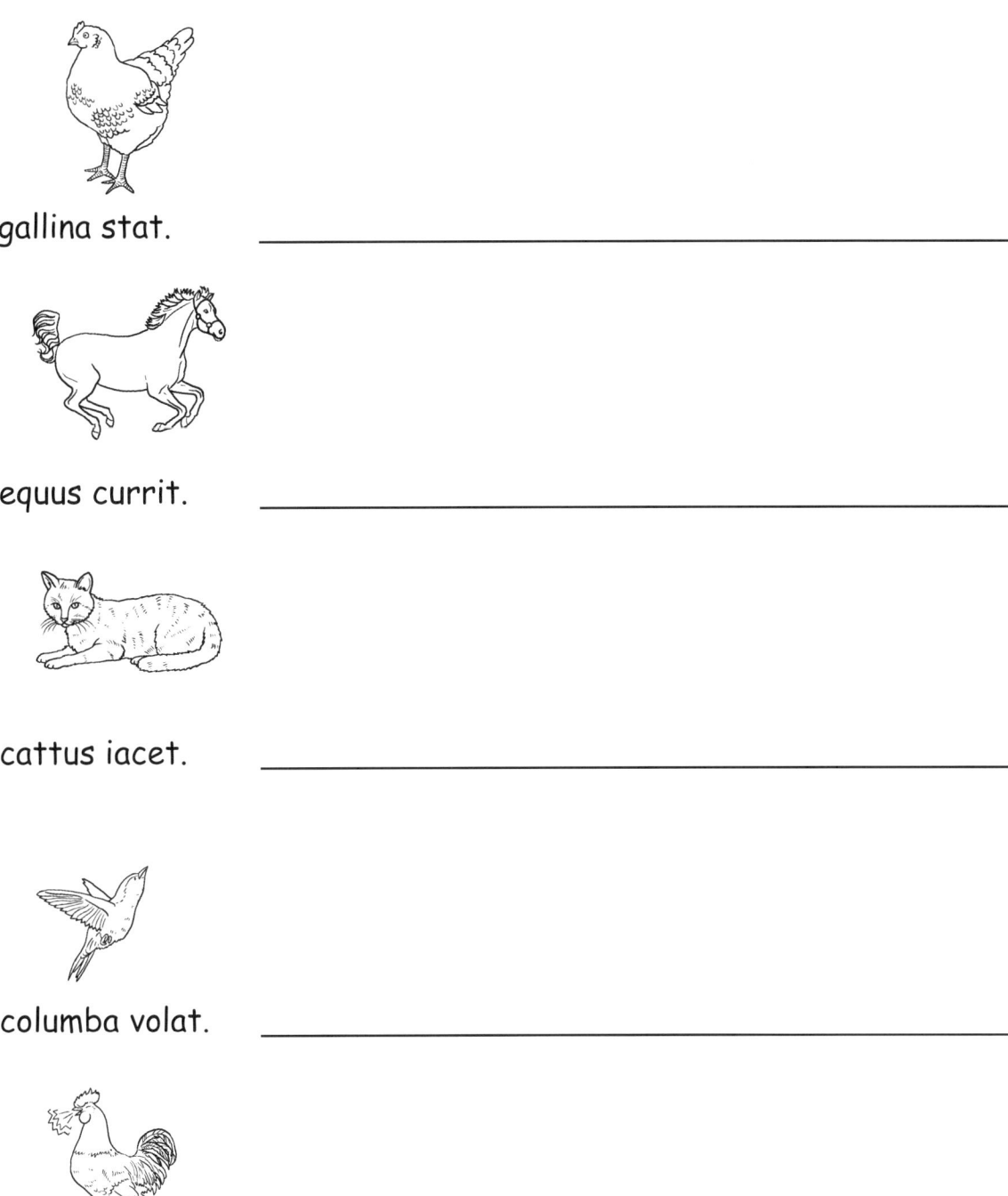

gallina stat. _____

equus currit. _____

cattus iacet. _____

columba volat. _____

gallus canit. _____

Wart ihr euch immer einig? Vergleiche deine Übersetzung mit der deines Nachbarn.

tgeil eztaK eid = tecai suttac / tfuä1 drefP sad = tirruc suuqe / thets nhuH sad = tats anillag
thärk nhaH red = tinac sullag / tgeilf ebuaT eid = talov abmuloc /

18   Leben in Rom

Viele Tiere auf dem Bauernhof sind Herdentiere. Sie fühlen sich in nur Gesellschaft wohl und tun vieles gemeinsam.

Einzahl (Singular)   Mehrzahl (Plural)

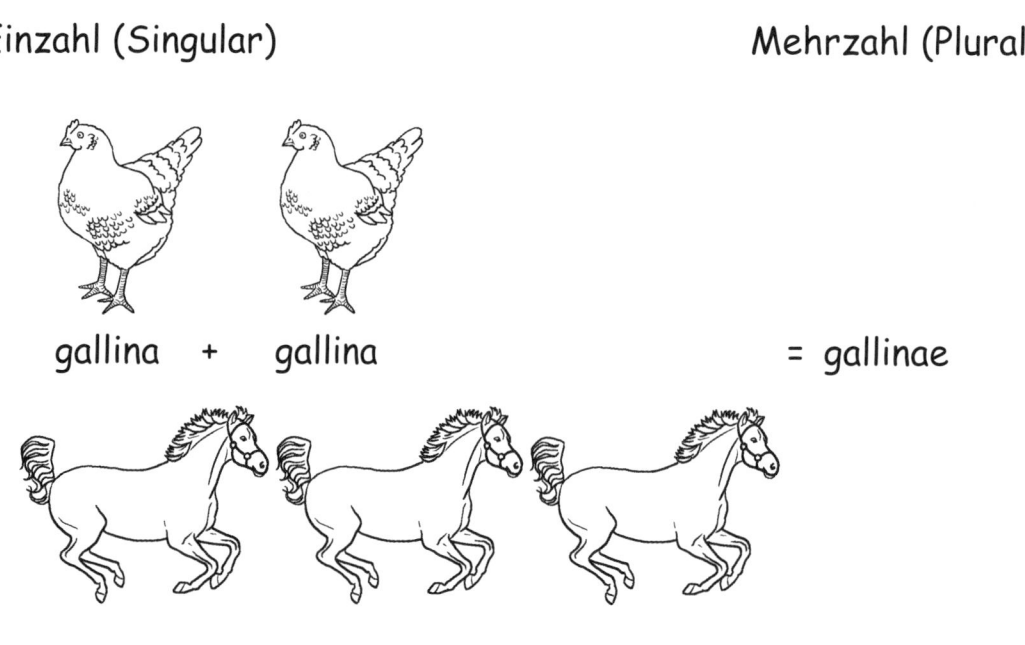

gallina + gallina = gallinae

equus + equus + equus = equi

Male diesen Tieren einen Partner und schreibe die lateinischen Namen darunter. Achte auf die richtige Endung!

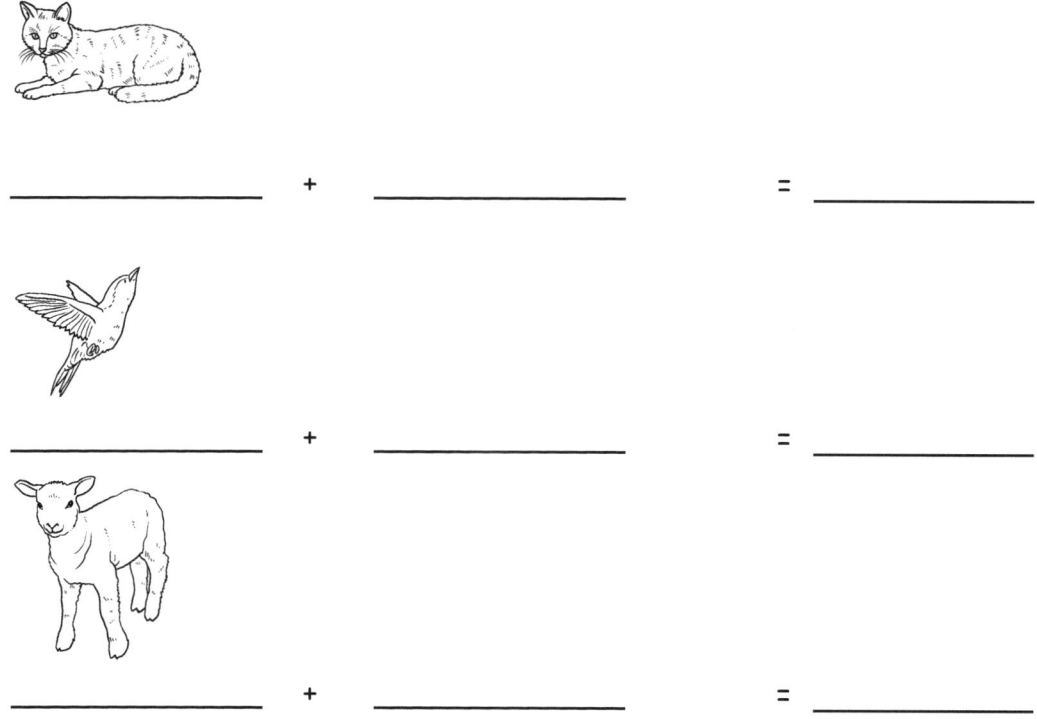

_____ + _____ = _____

_____ + _____ = _____

_____ + _____ = _____

Übersetze, was auf den Bildern passiert.

Leben in Rom

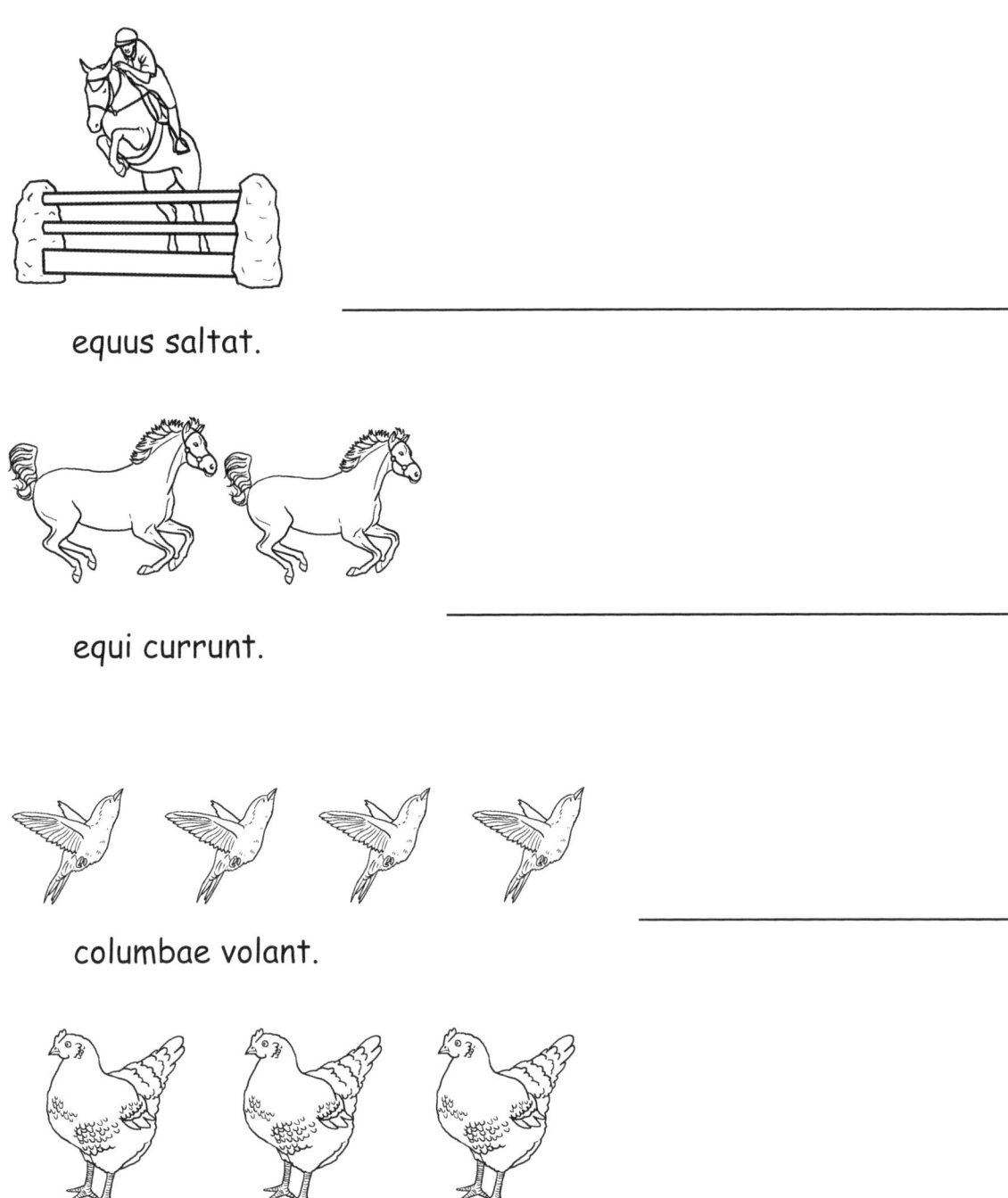

equus saltat. _____

equi currunt. _____

columbae volant. _____

gallinae stant. _____

Ergänze folgende Sätze:

Wenn man ausdrücken möchte, dass nur eine Person etwas tut, endet das Tätigkeitswort (Verb) auf _____.
Wenn aber mehrere etwas tun, endet das Tätigkeitswort auf _____.

Die Sprache der Römer

Lateinische Buchstaben

Buchstaben sind Zeichen, mit denen unsere Sprache aufgezeichnet wird. Menschen schreiben in Europa seit fast 3000 Jahren mit diesen Zeichen. Das lateinische Alphabet lautet so:

A B C D E F G H I K L M N O P Q R S T V X

Vergleiche das lateinische Alphabet mit dem, das du kennst.
Trage die Unterschiede und die Gemeinsamkeiten in den Lückentext ein:

1. Die Römer kannten nur die _____.
   Die kleinen Buchstaben haben sich erst im Laufe der Zeit aus den Großbuchstaben entwickelt, um im privaten Bereich das Schreiben einfacher zu machen.
2. Die Buchstaben ___ und ___ fehlen. Sie wurden erst zur Zeit des Augustus aus dem griechischen Alphabet übernommen.
3. Der Buchstabe ___ fehlt. Denn die Römer verwendeten für unser I und auch unser J das gleiche Zeichen.
4. Der Buchstabe ___ fehlt. Das lateinische V diente zur Schreibung des V und des U.

Schreibe mit den lateinischen Großbuchstaben deinen Namen, deinen Wohnort und den Namen deiner Lehrerin oder deines Lehrers auf:

Mein Name: _____

Ich wohne in: _____

Meine Lehrerin / mein Lehrer heißt:

_____

Latein – die Sprache Europas

Das Lateinische war die Sprache der Römer, die viele Jahrhunderte lang große Teile Europas beherrschten. In der Westhälfte des Römischen Reiches übernahmen die Bewohner der beherrschten Gebiete im Laufe der Zeit die lateinische Sprache, weil sie sie in der Stadtverwaltung, bei Gericht, als Soldat beim Militär, und als Händler auf Reisen beherrschen mussten.

In den verschiedenen Gebieten entwickelte sich die lateinische Sprache verschieden weiter. Ihre gemeinsamen Wurzeln verbinden diese Sprachen, auch wenn das Römische Reich schon lange nicht mehr existiert.

Beschreibe den Sprachenbaum und male ihn sinnvoll farbig an.

Die Sprache der Römer

Versuche, die Bedeutung des Lateinischen für uns heute ganz kurz zu beschreiben. Gibt es überhaupt eine?

_____

_____

_____

Weißt Du, welche Sprachen in Süd-Amerika gesprochen werden? Kannst du dir denken, warum Süd-Amerika auch „Latein-Amerika" genannt wird?

Lies die Worte in den verschiedenen Sprachen laut und vergleiche.

Lateinisch	Italienisch	Französisch	Spanisch	Deutsch
magister	maestro	maitre	maestro	Lehrer
panis	pane	pain	pan	Brot
amicus	amico	ami	amigo	Freund
frater	fratello	frère	hermano	Bruder
soror	sorella	سœur	hermana	Schwester
mater	Madre	mère	madre	Mutter
oater	padre	père	padre	Vater

Kennst du schon die englischen Wörter für Lehrer, Brot, Freund, Bruder, Schwester, Vater und Mutter? Was stellst du fest?

_____

_____

Unser tägliches Latein

In unserer Sprache verwenden wir viele Wörter, die auch römische Kinder kannten. Die Wörter haben sich im Laufe der Zeit nur etwas verändert.

Überlege und trage ein: Was bedeuten die folgenden Wörter? Schreibe den Artikel (Begleiter) im Deutschen dazu.

familia	die	arena	
mater		monstrum	
pater		porta	
schola		tabula	
datum		mappa	
carrus		circus	
catta		fenestra	
stilus		strata	
theatrum		imperium	
charta		mensa	

Unterstreiche alle Worte rot, die den Begleiter „der" haben, also im Deutschen männlich sind. Unterstreiche alle blau, die mit „die" stehen, also im Deutschen weiblich sind; und alle grün, die den Begleiter „das" haben, also im Deutschen sächlich sind (Neutrum). Welche Endung haben die Wörter jeweils im Lateinischen? Wo stimmen das deutsche und das lateinische Geschlecht nicht überein?

Die Sprache der Römer

Unterstreiche die Worte, die aus dem Lateinischen kommen, rot: Die lateinischen Worte unter dem Text helfen dir.

Marcus und Cornelia gehen mit ihrem Vater in den Zirkus. Cornelia hat dessen Video-Kamera mitgenommen. Cornelia filmt, was ihr in der Arena am besten gefällt: die Nummer der Artisten. Sie schweben durch die Luft und zeigen viele Saltos. Plötzlich wird es ganz still im Zelt, denn nun führt die jüngste Artistin den Salto mortale vor. Als sie wieder am Boden ist, applaudieren alle Zuschauer.

circus – Kreislinie; video – ich sehe; camara – Gewölbe; arena – Sand, Kampfplatz; numerus – Zahl; ars – Kunst; saltus – Sprung; mortalis – tödlich; applaudare – Beifall klatschen

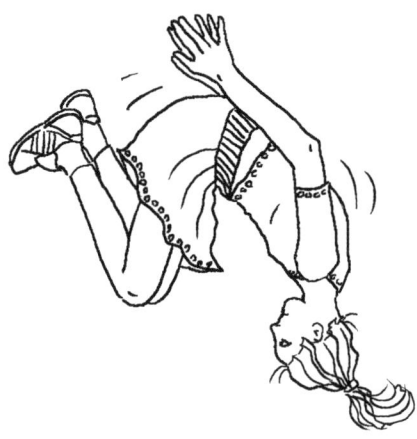

Male ein Bild, auf dem diese Lebensmittel zu sehen sind: caseus, sal, vinum, carnis, pasta

Sprechen Computer Latein?

Viele Worte, die mit dem Computer und dem Internet zu tun haben, stammen aus dem Lateinischen. Wer Latein kann, versteht, was diese Worte bedeuten.

Ordne den deutschen Ausdrücken ihr lateinisches Ursprungswort zu. Erkläre, was diese Worte bedeuten:

editio – Herausgabe
Computator – Rechner
spica – Kornähren (als Vorrat)
navigatio – Steuerung, Lenkung
cliens – Gefolgsmann, Höriger
publicus – öffentlich
monitor – Mahner; jemand, der erinnert

persona - Rolle, Persönlichkeit
mus – Maus
servus – Sklave
administrare – verwalten
scriptum – Geschriebenes
dominium – Eigentum

PC (=Personal Computer)	
Maus	
Speicher	
Monitor	
Server	
Administrator	
Client	
Script	
Public domain	
Navigation	
Editor	

Die Sprache der Römer

Wörterschmiede

Die Römer kannten viele kleine Wörter, die sie vor größere setzten, um sich besser und genauer auszudrücken.

Ergänze jeweils das Gegenteil:

Lateinisches Wort	Deutsche Bedeutung	Lateinisches Wort	Deutsche Bedeutung
in		ex	heraus
ad	hin/zu	ab	
prae		post	nach
cum	mit/zusammen	ob	

Setzt man diese kleinen Wörter vor Tuwörter (Verben), lernt man ganz schnell viele lateinische Tuworte. Schreibe diese kleinen Worte auf die kleinen Karten. Schneide dann entlang der Linien aus und schmiede lateinische Worte. Wer schafft am meisten?

	venire kommen		venire kommen
	ducere führen		clamare rufen
	ferre tragen		dicere sagen
	volare fliegen		facere machen

Die Sprache der Römer

Wörter wie „groß", „klein", „grün", „weit" heißen Eigenschaftswörter (Adjektive). Die gibt es auch im Lateinischen.

parvus elephantus – (der/ein) kleine/r Elefant
longa strata – (die/eine) lange Straße
magnum monstrum – (das/ein) große/s Ungeheuer

Unterstreiche die Endungen der lateinischen Worte und formuliere hierzu die Regel:

Adjektive haben _____ wie die _____.

Welche Adjektive und Substantive passen zueinander? Schneide an den Linien aus und lege möglichst viele, auch lustige Paare. Du kannst jedes Kärtchen mehrfach verwenden.

Adjektive

parvus klein	magna groß	stultum dumm	longa lang
severa streng	brutum schwer	beata glücklich	glaucus bläulich

Substantive

imperium	amicus	familia	theatrum
carrus	mensa	strata	monstrum

Wie Römer rechnen

Zahlen der Römer

Die Römer schafften es, mit drei Zeichen alle Zahlen von 1 bis 49 darzustellen:

I = 1
V = 5
X = 10

Steht die kleinere Zahl vor der größeren, zieht man sie von der größeren ab. Steht die kleinere Zahl hinter der größeren, zählt man sie dazu. Beispiel:

IV = 4
XII = 12
IIXX = 18

Das kannst du auch:

Römisch	Deutsch	Deutsch	Römisch
III		7	
XXV		16	
IXXX		42	
VIII		19	
XXXXIV		39	
VI		26	
XVIII		13	
IXX		44	
XXXIII		21	
XXV		37	
XIV		13	

Schreibe alle römischen Zahlen zwischen 1 und 10 auf:

Röm. Zahl	Lateinisch	Englisch	Deutsch
	unus		
	duo		
	tres		
	quattuor		
	quinque		
	sex		
	septem		
	octo		
	novem		
	decem		

Ergänze die Tabelle und vergleiche.

Wie Römer rechnen

Natürlich konnten die Römer nicht nur bis 49 zählen. Für größere Zahlen gab es spezielle Zeichen:

L	=		50
C (centum)	=		100
D	=		500
M (mille)	=		1000
MM	=		2000
IMM	=		1999
DML	=	(1000 − 500 + 50)	550

Was bedeutet:

VL	CCLII	DLXXVI	MDCCCXXI

Schreibe dein Geburtsjahr in römischen Ziffern: _____

Schreibe das Geburtsjahr deiner Mutter: _____

Heute haben wir das Jahr: _____.

Kannst du diese Begriffe erklären:

Cent _____

Zentimeter _____

Millimeter _____

Milligramm _____

Million _____

Römische Zahlen heute

Trage die lateinischen Zahlen ins Zifferblatt dieser Uhr ein. Stelle dann die Zeiger so ein, dass genau der Schulschluss vom Freitag angezeigt wird. Ein schönes Wochenende!

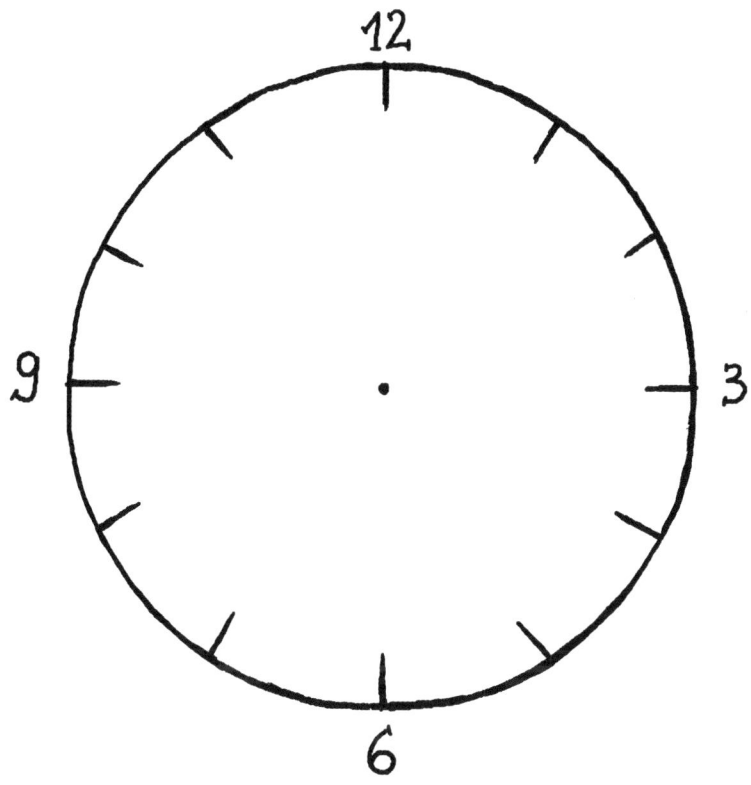

Am Wochenende hast du frei und kannst spielen:

Ein beliebtes Kartenspiel heißt _____, weil derjenige gewonnen hat, der nur noch eine Karte übrig hat.

Ein anderes Kartenspiel heißt _____, weil es Ziel des Spieles ist, jeweils vier (lat.: _____) Karten zu sammeln.

Wenn zwei (lat.: ____) Kinder gemeinsam singen, heißt das Duett.

Musizieren drei (lat.: ____) Kinder, heißt das Terzett. Kommt ein weiteres Kind hinzu, nennt man diese Gruppe _____.

Wie Römer rechnen

Erkläre die Begriffe:

Quadrat: Kommt von lateinisch _____ und heißt so,

weil _____

Oktave: Kommt von lateinisch _____ und heißt so,

weil _____

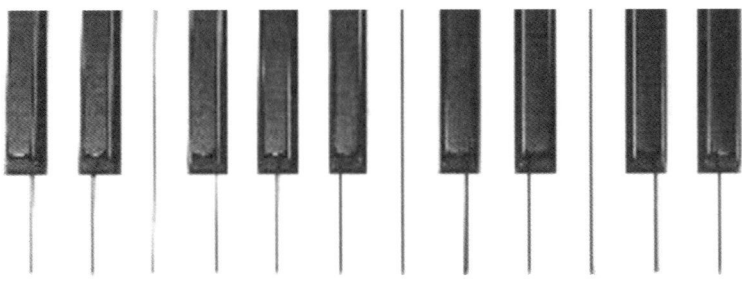

Quinte: Kommt von lateinisch _____ und heißt so,

weil _____

Sextett: Kommt von lateinisch _____ und heißt so,

weil _____

Dezimeter: Kommt von lateinisch _____ und heißt so,

weil _____

Überlege: Wen kannst du fragen oder wo kannst du nachschauen, wenn du eine Begründung nicht weißt. Ihr könnt euch natürlich auch untereinander beraten.

Würfeln wie die Römer

Schneide diesen Würfel sorgfältig aus. Beschrifte ihn mit den römischen Ziffern für die Zahlen 1 bis 6. Die Reihenfolge ist dabei gleichgültig.

Knicke die Kantenlinien, bestreiche die Falzkanten mit Klebstoff und klebe den Würfel zusammen.

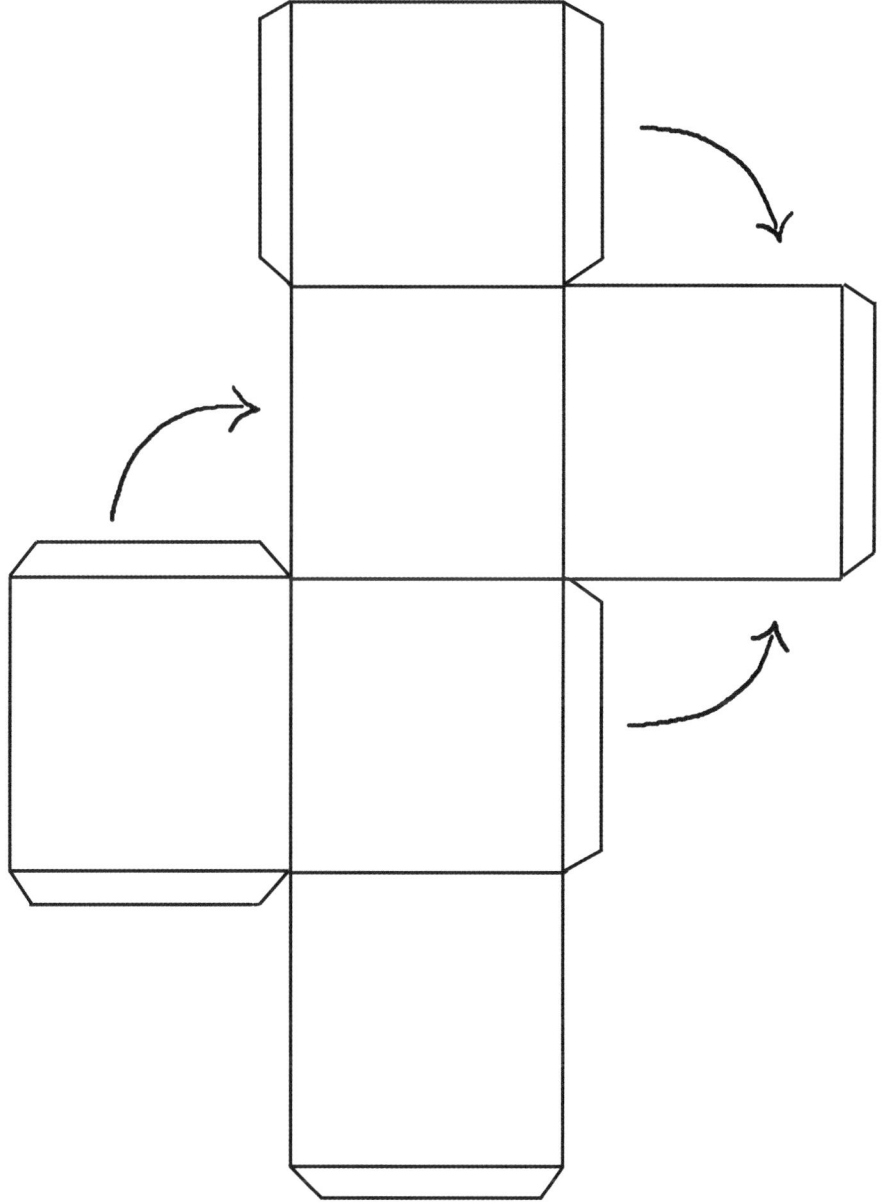

Alternativ: Jede Tischgruppe bekommt einen Würfel. Wenn große Würfel aus Schaumstoff vorhanden sind, könnt ihr die auch nehmen.

Wie Römer rechnen

Spiel I:

Bildet Gruppen mit vier oder fünf Mitspielern. Alle würfeln der Reihe nach und jeder nennt die Zahl, die er gewürfelt hat – in lateinischer Sprache. Die Zahlen werden aufgeschrieben.

Achtung: Angerechnet werden natürlich nur die Zahlen, für die ihr auch wirklich den lateinischen Ausdruck wisst. Das wird sechs Runden lang so gemacht. Dann rechnet ihr zusammen: Wer hat gewonnen?

Tragt die gewürfelten Zahlen in die Tabelle ein. Für weitere Spiele macht euch Kopien oder übertragt sie auf ein Blatt Papier.

Name	Runde 1	Runde 2	Runde 3	Runde 4	Runde 5	Runde 6	Summe

Spiel II (Schwierigere Variante):

Bastelt euch einen zweiten Würfel und beschriftet ihn mit den Zahlen von 7 bis 12. Würfelt dann mit beiden Würfeln und addiert die gewürfelten Zahlen. Natürlich benennt ihr sie wieder auf Latein.
Der Rest funktioniert wie bei Spiel I.

Der römische Kalender

Die lateinischen Monatsnamen lauten:

Martius	September
Aprilis	October
Maius	November
Iunius	December
Quinctilis	Ianuarius
Sextilis	Februarius

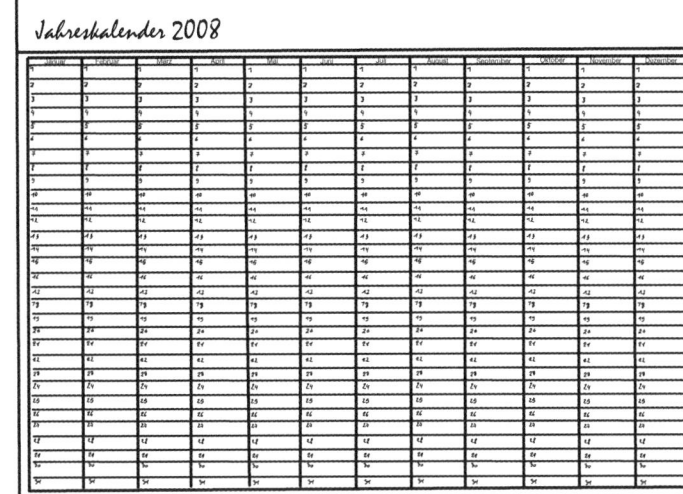

Welche Unterschiede zu unserem Kalender kannst du erkennen?

_____

_____

_____

Zum Andenken an Julius Cäsar und später zum Andenken an den ersten römischen Kaiser Augustus wurden zwei Monate umbenannt. Findest du heraus, welche das waren?

_____ // _____

Julius Cäsar   Augustus

ROM – Hauptstadt der Welt

Rom war zuerst ein kleines Dorf, aber bereits vor Christi Geburt eine Großstadt mit mehreren Millionen Einwohnern. In der Stadt gab es viele öffentliche Einrichtungen. Auf dem Forum Romanum, einem zentralen Platz im Herzen der Stadt, fanden politische Versammlungen statt. Hier gab es auch viele Geschäfte.

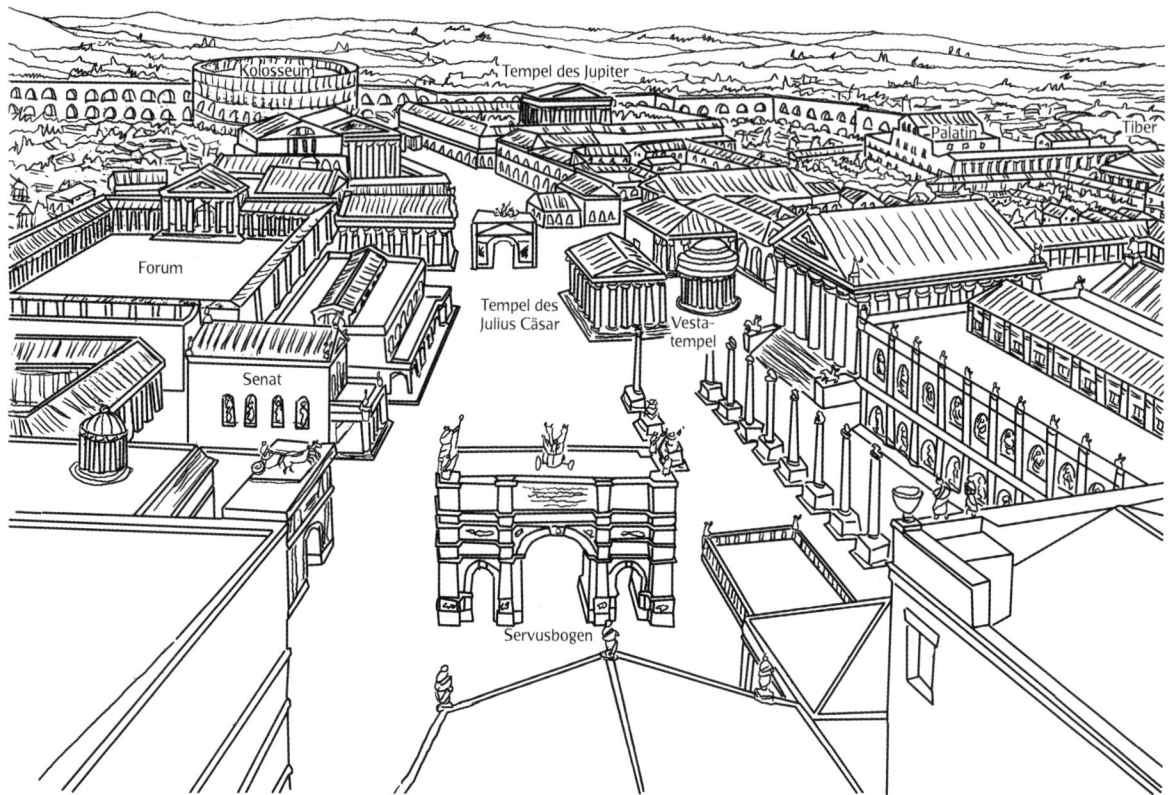

Ordne die Gebäude verschiedenen Lebensbereichen zu:

Versorgung	Politik	Unterhaltung	Religion

Antike Gebäude waren oft bunt angemalt, insbesondere Tempel strahlten in hellen Farben. Male das Bild so aus.

König, Republik und Kaiser

Zuerst regierten nacheinander sieben Könige die Stadt Rom und ihr Umland. Der Sage nach soll der erste König der Stadtgründer Romulus gewesen sein. Da sein sechster Nachfolger, Tarquinius Superbus, ein schlechter Herrscher war, wollten die Römer keine Könige mehr haben und vertrieben ihn. Das geschah etwa um 508 v. Chr.

Rechne aus:

Der letzte römische König wurde vor _____ Jahren vertrieben.

Nachdem das Königtum abgeschafft worden war, gab es verschiedene Ämter, die jedes Jahr neu durch Wahlen besetzt wurden. Rom war jetzt eine Republik, in der römische Männer durch Wahlen und Abstimmungen Entscheidungen fällten.
    Jeder Amtsinhaber hatte mindestens einen gleichgestellten Kollegen, mit dem er sich verständigen musste. Niemand durfte zwei Jahre hintereinander das selbe Amt innehaben. Die Amtsinhaber bekamen kein Gehalt, sondern mussten die Kosten für ihren Aufgabenbereich (z.B. Bau einer Wasserleitung, Renovierung eines Tempels) mit eigenem Geld bezahlen. Ein solches politisches Amt zu haben, kostete also viel Geld und kam nur für Reiche in Frage. Es bedeutete andererseits aber auch eine hohe Ehre für die Familie.

Welche Aufgaben nuss eine Stadtverwaltung erfüllen? Denke an die Bereiche Wohnen, Versorgung, Unterhaltung, Sauberkeit, Sicherheit. Welche Vor- und Nachteile siehst du in der Regierungsform, die die Römer hatten?

_____
_____
_____
_____
_____
_____

Rom und die Welt

Viele Jahrhunderte nach der Vertreibung des letzten Königs funktionierte die Regierung des römischen Reiches nicht mehr. Denn Rom beherrschte inzwischen ein riesiges Reich.

Es kam eine neue Regierungsform: Die alten Ämter wurden beibehalten, aber das letzte Wort hatte ein einziger Mannes. Der Beruf dieses Mannes war: Kaiser. Der Titel stammt vom Beinamen eines mächtigen Feldherrn, der ermordet wurde, weil man ihm vorwarf, er wolle Alleinherrscher sein.

Finde heraus, wer hier abgebildet ist. Wann hat er gelebt? Was kannst du über ihn in Erfahrung bringen? Vergleicht eure Informationen und ergänzt sie.

_____

_____

_____

_____

_____

_____

_____

_____

_____

_____

_____

Rom und die Welt

In seiner Glanzzeit beherrschte Rom ein riesiges Reich. Schreibe die lateinischen Namen der römischen Provinzen in die rechte Spalte der Tabelle und setze die heutigen Namen der Länder dazu.

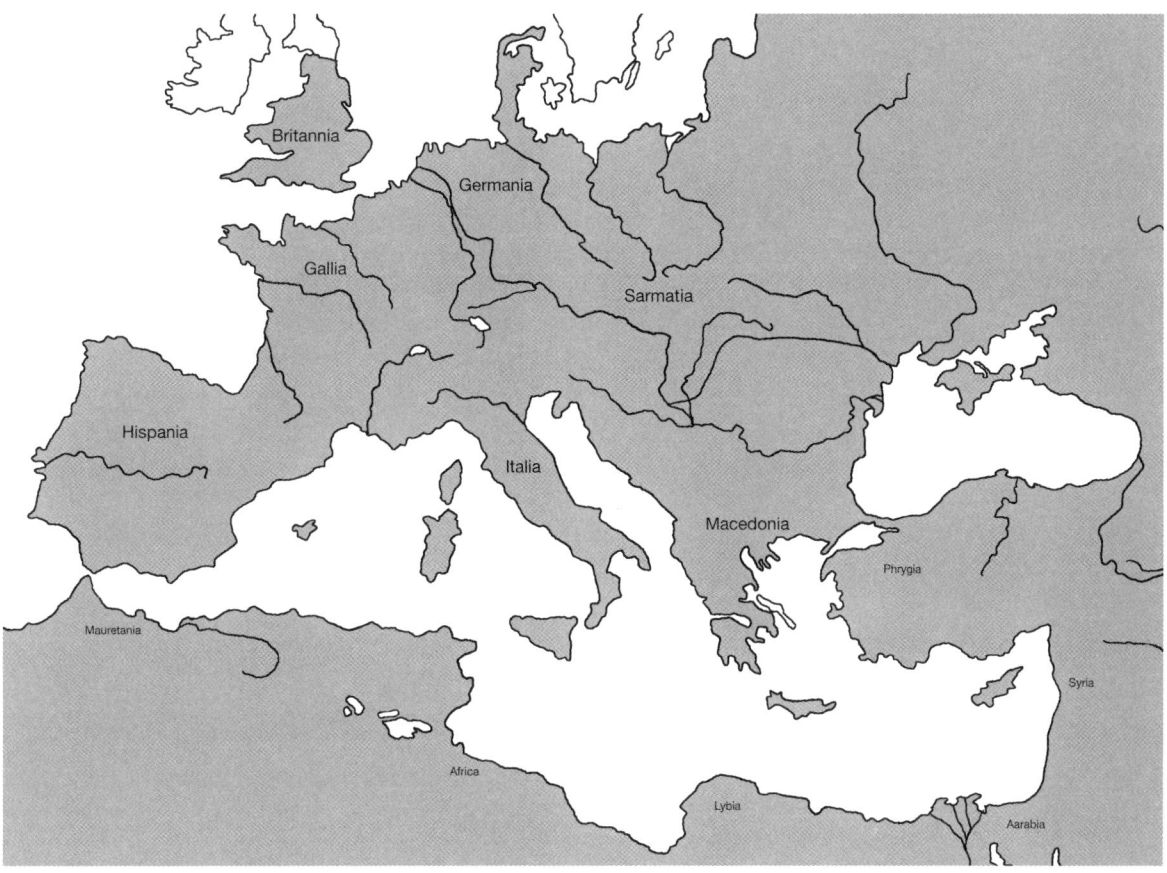

römischer Ländername	heutiger Staat
Brittania	
Germania	
Gallia	
Hispania	
Pannonia	
Syria	
Aegyptus	
Libya	

© 2008, Vandenhoeck & Ruprecht GmbH & Co. KG, Göttingen

Steckbriefe römischer Kaiser

Arbeitet zu zweit: Informiert euch über die abgebildeten römischen Kaiser und vervollständigt ihre Steckbriefe. Helft euch gegenseitig.

Augustus

Lebensdaten: _____

Taten: _____

_____

_____

_____

Besondere Kennzeichen: _____

_____

_____

_____

Nero

Lebensdaten: _____

Taten: _____

_____

_____

_____

Besondere Kennzeichen: _____

_____

_____

_____

6 Rom und die Welt

Vespasian

Lebensdaten: _____

Taten: _____

_____

_____

_____

Besondere Kennzeichen: _____

_____

_____

_____

Hadrian

Lebensdaten: _____

Taten: _____

_____

_____

_____

Besondere Kennzeichen: _____

_____

_____

_____

Rom und die Welt

Trajan

Lebensdaten: _____

Taten: _____

_____

_____

_____

Besondere Kennzeichen: _____

_____

_____

_____

Marc Aurel

Lebensdaten: _____

Taten: _____

_____

_____

_____

Besondere Kennzeichen: _____

_____

_____

_____

Berühmte Römer

Jeder Römer hatte einen Vornamen und einen Familiennamen. Viele hatten darüber hinaus auch einen Spitznamen. Manchmal sind sie uns unter ihrem Spitznamen bekannter als unter ihrem eigentlichen Namen.

_____ _____

Marcus Tullius *Cicero* (Cicero heißt Kichererbse. Der Politiker und Schriftsteller soll eine erbsengroße Warze auf der Nase gehabt haben) / Publius Cornelius *Scipio* (Stock) / Ovidius *Naso* (Großnase) / Gaius Caesar Augustus Germanicus *Caligula* (Stiefelchen) / Marcus Iunius *Brutus* (Dummkopf) Caepio / Lucius Livius Ocella Servius Sulpicius *Galba* (Schmerbauch) /

Ordne den Abbildungen jeweils den richtigen Namen zu.

Rom und die Welt

Steckbriefe römischer Frauen

Arbeitet zu zweit: Informiert euch über die abgebildeten römischen Frauen und vervollständigt ihre Steckbriefe. Helft euch gegenseitig.

Cornelia, Mutter der Gracchen

Lebensdaten: _____

Familie: _____

_____

_____

_____

Das erstaunt mich: _____

_____

_____

_____

Octavia

Lebensdaten: _____

Familie: _____

_____

_____

_____

Das erstaunt mich: _____

_____

_____

_____

10 Rom und die Welt

Livia Drusilla

Lebensdaten: _____

Familie: _____

_____

_____

_____

Das erstaunt mich: _____

_____

_____

_____

_____

Julia Agrippina Minor

Lebensdaten: _____

Familie: _____

_____

_____

_____

Das erstaunt mich: _____

_____

_____

_____

_____

Rom und die Welt 11

Vipsania Agrippina Maior

Julia Domna

Lebensdaten: _____

Lebensdaten: _____

Familie: _____

Familie: _____

Das erstaunt mich: _____

Das erstaunt mich: _____

Latein für uns

Sprüche, die es in sich haben

Die Römer liebten es, sich klar und kurz auszudrücken. Wichtige Gedanken formulierten sie in knapper Form. Viele ihrer Sprüche sind überliefert und werden bis heute zitiert.

Suche dir einen Lieblingsspruch und lerne ihn auswendig.

> ### Dum spiro, spero
> Solange ich atme, hoffe ich.

> ### Carpe diem
> Pflücke den Tag.

> ### Manus manum lavat
> Eine Hand wäscht die andere.

> ### Mens sana in corpore sano
> Ein gesunder Geist in einem gesunden Körper.

> ### Nequid nimis
> Nichts zu sehr.

> ### Audiatur et altera pars
> Man soll auch die andere Seite hören.

> ### Sapere aude
> Wage den Verstand zu gebrauchen.

> ### Non scholae, sed vitae discimus
> Nicht für die Schule, sondern für das Leben lernen wir.

Latein für uns

> ## Omnia mea mecum porto
> Alle meine Habe trage ich bei mir.

> ## Suum cuique
> Jedem das Seine.

> ## In dubio pro reo
> Im Zweifel für den Angeklagten.

> ## Alea iacta est
> Der Würfel ist gefallen.

> ## Quod licet Iovi, non licet bovi
> Was Jupiter erlaubt ist, ist dem Ochsen noch lange nicht erlaubt.

Mein Lieblings-Spruch ist:

_____

Ich habe ihn ausgesucht, weil:

_____

_____

_____

Ich kann ihn in folgenden Situationen verwenden:

_____

_____

_____

_____

Latein in der Werbung

Im Supermarkt tragen viele Produkte lateinische Namen.

Finde mit Hilfe von Nachschlagewerken (Bücher oder Internet) heraus, was die Namen bedeuten und erkläre, welcher Zusammenhang zwischen dem Produkt und seiner lateinischen Bezeichnung besteht.

Vitakraft: _____

Nivea: _____

Labello: _____

Odol: _____

Auch einige Firmen tragen lateinische Namen. Erkläre auch hier, warum der Name zum Unternehmen passt.

Audi: _____

Bono: _____

Realkauf: _____

Erfinde einen neuen Produktnamen und stelle das Produkt kurz vor. Nutze deine Lateinkenntnisse!

_____
_____
_____
_____
_____

Memoria Latina

Sicher kennst du das Spiel „Memory". Aber weißt du auch, warum es so heißt? Das lateinische Wort *memoria* bedeutet „Erinnerung" oder „Gedächtnis"... Wer zwei gleiche Karten aufdeckt, darf das Kartenpaar behalten. Wer am Schluss die meisten Karten hat, ist Sieger.

templum	Tempel
arena	Arena
carrus	Wagen
panis	Brot

Latein für uns

strata	Straße
fenestra	Fenster
mensa	Tisch
magister	Lehrer
soror	Schwester

stilus	Stift
villa	Landgut
theatrum	Theater
gladiator	Gladiator

Klebt die Kärtchen auf farbigen Karton und schneidet sie anschließend sorgfältig aus. Immer das lateinische und das deutsche Wort bilden ein Paar. Legt die Memory-Karten nach dem Mischen mit der farbigen Seite nach oben aus und ratet abwechselnd. Wer ein Paar gefunden hat, darf es behalten. Wer am Schluss die meisten Paare hat, ist Sieger.

Latein für uns

Latein-Domino

Auf den Dominosteinen stehen zwei Worte, die nicht zueinander passen. Rechts stehen Substantive, links Adjektive. Schneide alle Steine aus und spiele Latein-Domino.

theatrum	stultus *dumm*
templum	nova *neu*
villa	vicinum *benachbart*
amicus	magna *groß*
amica	album *weiß*
dominus	novum *neu*

servus	longum *lang*
serva	alta *hoch / tief*
cattus	parva *klein*
elefantus	vicina *benachbart*
domina	vicinus *benachbart*
imperium	longa *lang*
monstrum	alba *weiß*

Latein für uns 9

mappa	magnus *groß*
circus	stultum *dumm*
porta	novus *neu*
equus	aperta *offen*
fenestra	doctus *gelehrt*
strata	brutum *schwer*
avia	parvum *klein*

Die große Wissens-Rallye

Recherchiert im Internet. Wer ist als Erster fertig?

Gründungsjahr der Stadt Rom: __ __ __, Rom kriecht aus dem Ei.

Rom ist auf sieben Hügeln erbaut worden. Sie heißen noch heute:

_____

_____

_____

Der Name des letzten römischen Königs: _____ _____

Er wurde etwa 510 v. Chr. ermordet. Sein Mörder hieß _____.

Die Römer führten drei große Kriege gegen die Punier. Der erste punische Krieg begann _____, der dritte und letzte punische Krieg endete _____.

Ein karthagischer Feldherr marschierte mit Elefanten von Afrika aus über Spanien und die Alpen bis Rom. Er hieß _____.

Ein Zeitgenosse des berühmten Caesar war Marcus Tullius Cicero. Er lebte von _____ bis _____ vor Christus Er war tätig als _____ und _____:

Der erste römische Kaiser hieß: _____. Auch in Deutschland gründete er Städte: Augusta Treverorum heißt heute _____.

Im Jahr _____ nach Christus gründete _____ Konstantinopel. Heute heißt die Stadt Istanbul.

Der letzte römische Kaiser hieß _____ _____.

Latein für uns

Die Schlacht im Teutoburger Wald

In der Regierungszeit des Kaisers Augustus kam es zu einer großen Schlacht zwischen den Römern und den Germanen. Das war im Jahr 9 nach Christus. Die Römer unter dem General Quinctilius Varus erlitten eine vernichtende Niederlage. Sieger war der Germane Arminius, den man auch Hermann nannte. Er gehörte dem germanischen Stamm der Cherusker an. Früher dachte man, die Schlacht habe im Teutoburger Wald stattgefunden und erbaute dort ein Denkmal für Hermann. Wegen neuer Funde römischer Waffen und Münzen glaubt man heute, dass das Schlachtfeld weiter nördlich lag, zwischen Oldenburg und Bramsche.

Über diese Schlacht gibt es ein altes Lied. Lies den Text. Wie werden die Römer dargestellt? Wie die Germanen? Was soll das Lied zeigen? Wie findest du das Lied? Tauscht euch darüber aus.

_____

_____

_____

_____

Als die Römer frech geworden

1 Als die Römer frech geworden
simserim simsim simsim
Zogen sie nach Deutschlands Norden
simserim simsim simsim
vorne mit Trompetenschall
Terätätätärä
ritt der Generalfeldmarschall,
Terätätätärä
Herr Quintilius Varus
Wau, wau, wau, wau, wau
Herr Quintilius Varus
Schnäde räng täng, Schnäde räng täng
Schnäde räng täng, de räng täng täng

2. In dem Teutoburger Walde,
Huh! Wie piff der Wind so kalte,
Raben flogen durch die Luft,
und es war ein Moderduft,
wie von Blut und Leichen

3. Plötzlich aus des Waldes Duster
brachen kampfhaft die Cherusker,
mit Gott für Fürst und Vaterland
stürzten sie sich wutentbrannt
auf die Legionen.

4. Weh, das ward ein großes Morden,
sie schlugen die Kohorten,
nur die röm'sche Reiterei
rettete sich noch ins Frei',
denn sie war zu Pferde.

5. O Quintili, armer Feldherr,
dachtest du, dass so die Welt wär'?
Er geriet in einen Sumpf,
verlor zwei Stiefel und einen Strumpf
und blieb elend stecken.

6. Da sprach er voll Ärgernussen
zum Centurio Titiussen:
„Kam'rad, zeuch dein Schwert hervor
Und von hinten mich durchbor,
Da doch alles futsch ist."

7. In dem armen röm'schen Heere
diente auch als volontäre
Scävola, ein Rechtskandidat,
den man schnöd gefangen hat,
wie die andern all.

8. Diesem ist es schlimm ergangen,
eh dass man ihn aufgehangen,
stach man ihm durch Zung und Herz,
nagelte ihn hinterwärts
auf sein corpus iuris.

9. Als das Morden war zu Ende,
rieb Fürst Hermann sich die Hände,
und um seinen Sieg zu weih'n,
lud er die Cherusker ein
zu 'nem großen Frühstück.

10. Wild gab's und westfäl'schen Schinken,
Bier, soviel man wollte trinken;
auch im Zechen blieb er Held,
doch auch seine Frau Thusneld
Trank walkürenmäßig.

11. Nur in Rom war man nicht heiter,
sondern kaufte Trauerkleider;
G'rade als beim Mittagsmahl
Augustus saß im Kaisersaal,
kam die Trauerbotschaft.

12. Erst blieb ihm vor jähem Schrecken
ein Stück Pfau im Halse stecken,
dann geriet er außer sich
und schrie: „Varus, Fluch auf dich,
Redde legiones!"

13. Sein deutscher Sklave, Schmidt geheißen,
dacht': Ihn soll das Mäusle beißen,
wenn er sie je wieder kriegt,
denn wer einmal tot daliegt,
wird nicht mehr lebendig.

14. Und zu Ehren der Geschichten
tat ein Denkmal man errichten,
Deutschlands Kraft und Einigkeit
kündet es jetzt weit und breit:
„Mögen sie nur kommen!"

V&R

Thomas Kurth / Susanne Pels /
Marcus Hartmanns / Dirk Erkelenz

Fidus

**Latein entdecken:
Ein Comic für Einsteiger**

mit Illustrationen von Urs Kirfel

2., durchgesehene Auflage

Vandenhoeck & Ruprecht

Umschlagabbildung: Urs Kirfel

Bibliografische Information der Deutschen Nationalbibliothek

Die Deutsche Nationalbibliothek verzeichnet diese Publikation in der
Deutschen Nationalbibliografie; detaillierte bibliografische Daten sind
im Internet über http://dnb.d-nb.de abrufbar.

ISBN 978-3-525-71003-6
ISBN 978-3-647-71003-7 (E-Book)

© 2014, 2011, Vandenhoeck & Ruprecht GmbH & Co. KG, Göttingen/
Vandenhoeck & Ruprecht LLC, Oakville, CT, U.S.A.
www.v-r.de

Alle Rechte vorbehalten. Das Werk und seine Teile sind urheberrechtlich geschützt.
Jede Verwertung in anderen als den gesetzlich zugelassenen Fällen bedarf der vorherigen
schriftlichen Einwilligung des Verlages. Hinweis zu § 52a UrhG: Weder das Werk noch
seine Teile dürfen ohne vorherige schriftliche Einwilligung des Verlages öffentlich
zugänglich gemacht werden. Dies gilt auch bei einer entsprechenden Nutzung
für Lehr- und Unterrichtszwecke. Printed in Germany.

Druck und Bindung: ⊕ Hubert & Co, Göttingen
Gedruckt auf alterungsbeständigem Papier.

Bildnachweis: Marcus Hartmanns: 41; Köln, Römisch-Germanisches Museum –
Rheinisches Bildarchiv: 12; 18 o.; 24 u.; 35; 40; 49 o; 49 u.; 60 o.; 65; 66; 72; 77;
Römisches Museum Augsburg: 30; Thermenmuseum Heerlen: 54.

Inhalt

I	Salvete – Die Familie stellt sich vor	8
	Substantive haben ein Geschlecht	10
	Die römische Familie	12
II	Ubi bene, ibi Colonia – Mit Fidus durch Köln	13
	Substantive gibt es im Singular und Plural	15
	Verben haben Personalendungen	17
	Köln und die Römer	18
III	Ludimus – Der Spielverderber	19
	Verben: So erkennst du die 1. und 2. Person	21
	Was römische Kinder spielten	24
IV	Fidus et feles – Am Hafen	25
	Die Bildung des Akkusativ Singular	27
	Handel und Verkehr in römischer Zeit	30
V	Flavus cenam parat – In der Küche	31
	Die Bildung des Akkusativ Plural	33
	Essen in römischer Zeit	35
VI	Iter facimus – Fahrt nach Ahrweiler	36
	Der Akkusativ als Richtungskasus	38
	Stadt und Territorium	40
	Straßen	41
VII	Fidus et canis vitreus – Der Konkurrent	42
	Adjektive der 1. und 2. Deklination	44
	Römisches Glas	49
VIII	Ubi donum est? – Auf der Suche	50
	Der Ablativ Singular	52
	Wohnen in der CCAA	54
IX	In Schola – Unterricht bei Demosthenes	55
	Der Ablativ Plural	57
	Römischer Unterricht	60
X	Deus furum – fur deorum	61
	Die Bildung des Genitivs	63
	Römische Götter	65
	Römische Religion	66
XI	Dies natalis est – Aurelia hat Geburtstag	67
	Die Bildung des Dativs	69
	Römischer Geburtstag	72
XII	Saturnalia adsunt – Saturnalien	73
	Der Vokativ	75
	Römische Feiertage	77
	Alphabetisches Vokabelverzeichnis	78

Hallo, oder besser: Salve!

Mit Fidus kannst du einiges über die Römer in Köln erfahren, und das in der Sprache der Römer: auf Latein.

Latein ist gar nicht so schwer. Die Bildergeschichten um Fidus und Aurelia helfen dir. Die neuen lateinischen Wörter findest du immer im sogenannten *Vocabularium*. Ganz am Ende des Heftes sind sie alle zum Nachschlagen noch einmal alphabetisch sortiert.

Wie aus den Wörtern richtige Sätze gebildet werden, kannst du nach jeder Geschichte im Abschnitt *Grammatik im Griff* nachlesen. Hier lernst du kennen, wie die lateinische Sprache funktioniert, und damit du das Neue auch gleich ausprobieren kannst, gibt es verschiedene Aufgaben zur Sprache und auch zum Alltagsleben unserer Figuren.

Die kleinen Geschichten spielen vor nicht ganz 2000 Jahren im römischen Köln und im Umland. Du erfährst etwas über eine Familie, wie es sie damals gegeben haben kann, wer sie waren und was sie gemacht haben. Und ihr Hund Fidus ist immer mit dabei. Vieles von dem, was in den Geschichten zu sehen ist, weiß man von Ausgrabungen, und du kannst es dir heute noch anschauen, z.B. im Kölner Römisch-Germanischen Museum.

Verfasser und Verlag danken Frau Dr. Beate Schneider vom Museumsdienst Köln für Hilfe und Anregung und Frau Dr. Friederike Naumann-Steckner vom Römisch-Germanischen Museum der Stadt Köln für die Freigabe der Abbildungen.

Wir wünschen dir viel Freude an Latein und viel Freude mit Fidus!

Thomas Kurth, Susanne Pels, Marcus Hartmanns, Dirk Erkelenz

I Salvete – Die Familie stellt sich vor

Vocabularium

salvēte	seid gegrüßt, hallo	**ancilla f.**	Dienerin
amīcus m.	Freund	**līberta f.**	freigelassene Sklavin
amīcī	Freunde	**păter m.**	Vater
ĕgŏ	ich	**mercātor m.**	Händler
sum	ich bin	**salvē**	sei gegrüßt
cănis m.	Hund	**lucrum n.**	Gewinn
heia	Hallo!	**Germānus m.**	Germane
tū	du	**servus m.**	Sklave
ubi	wo?	**coquus m.**	Koch
es	du bist	**bene**	gut
ibi	dort	**coquit**	er, sie, es kocht
est	er, sie, es ist	**frāter m.**	Bruder
amīca f.	Freundin	**māgnus**	groß
puella f.	Mädchen	**et**	und
annōs nāta / nātus	Jahre alt	**Bonnae**	in Bonn
fīlia f.	Tochter	**mīles m.**	Soldat
māter f.	Mutter		

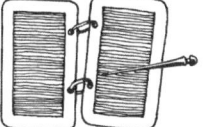 1. Hier siehst du alle noch einmal auf einen Blick. Wer ist was? Beschrifte.

Grammatik im Griff

Substantive (Haupt- und Namenwörter) haben ein Geschlecht.

Schau dir noch einmal die Bildergeschichte an, in der du Aurelia und ihre Familie kennenlernst. Im lateinischen Text findest du mehrere Haupt- und Namenwörter (Substantive / Nomen) wie zum Beispiel *amicus* (der Freund) und *ancilla* (die Dienerin) und den Namen *Fidus*. Sie haben im Lateinischen anders als im Deutschen keinen **Artikel**. Beim Übersetzen ergänzt du den unbestimmten oder bestimmten Artikel aus dem Zusammenhang.

Claudia mater est.	Claudia ist **die** Mutter.	bestimmter Artikel
Canis sum.	Ich bin **ein** Hund.	unbestimmter Artikel
Coquus est.	Er ist Koch.	kein Artikel
Ibi est Aurelia amica.	Dort ist **meine** Freundin Aurelia.	Possessivpronomen

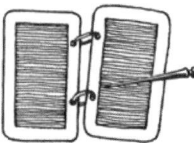

2. Übersetze entsprechend:
1) Fidus sum. _____
2) Anna liberta est. _____
3) Aurelia: „Quintus amicus est." _____

Jedes Substantiv hat ein grammatisches Geschlecht, das **Genus**.
Im Deutschen zeigt der **Artikel** das Geschlecht an.

die / **eine** Mutter	weiblich: femininum (f.)
der / **ein** Vater	männlich: maskulinum (m.)
das / **ein** Haus	sächlich: neutrum (n.)

Im Lateinischen erkennt man das Geschlecht meist an der **Wortendung**:

*ancill - **a***	femininum (f.)	die / eine Dienerin
*amic - **us***	maskulinum (m.)	der / ein Freund
*lucr - **um***	neutrum (n.)	der / ein Gewinn

Beachte:
Das Geschlecht der deutschen und lateinischen Wörter stimmt nicht immer überein. Du musst das Genus also mitlernen!

Beispiel:
puella **f.**   **das** Mädchen

Römische Zahlen

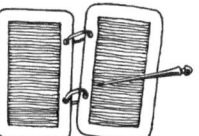

3. Was bedeuten die Zahlen? Ergänze.

Wir Römer benutzen Buchstaben als Zahlenzeichen und wir kommen mit ganz wenigen Buchstaben aus.

I bedeutet............

V ist das Zeichen für................

X bedeutet...............

L ist fünf mal X, also.................

C ist das Doppelte von L, also.............

M ist schließlich das Doppelte von D, also...............

D ist fünf mal C, also.................

Alle anderen Zahlen setzen wir aus diesen Zeichen zusammen. Dabei werden die Zahlen meistens einfach zusammengerechnet. Aurelia ist also XI=..............Jahre alt, ihr großer Bruder Gaius ist XVIII=.............

Es gibt nur eine Ausnahme: Steht eine kleinere Zahl vor einer größeren, dann wird sie abgezogen. IV bedeutet also.........., und IX ist........

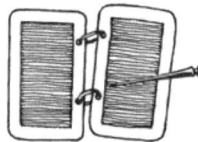
4. Persönlicher Steckbrief
Du kennst jetzt genug Wörter und Zahlen, um die wichtigsten Angaben zu einer Person zu sammeln. Erstelle einen persönlichen Steckbrief – für dich selbst oder für ein anderes Kursmitglied. Denke dir möglichst Fragen aus, die du auf Latein stellen oder auf Latein beantworten kannst.

Man kann auch mit römischen Zahlen antworten, zum Beispiel auf die Frage nach Geburtsjahr und Körpergröße.

Die römische Familie

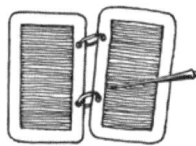
5. Du hast jetzt Aurelias „Familie" kennengelernt – dann kannst du sicher ohne Mühe die Namen eintragen, die im folgenden Text noch fehlen.

Aurelia lebt in einer typischen römischen Familie, allerdings in einer ziemlich reichen. Wie bei uns besteht eine solche *familia* zunächst einmal aus Personen, die miteinander verwandt sind. Da ist zum einen der Familienvorstand *(pater familias)* ……………………. Er ist ein reicher Geschäftsmann und handelt mit Waren von und nach Britannien, vor allem auch mit Luxusgütern wie teuren Gläsern. Die Mutter *(mater)* ……………………. führt die Aufsicht über den Haushalt. Zusammen haben sie zwei Kinder, den älteren Sohn *(filius)* ……………………. und die jüngere Tochter *(filia)* …………………….

Anders als bei uns gehören aber noch weitere Personen zur *familia*. Dies sind vor allem Sklaven wie der germanische Koch ……………………. Ein Sklave *(servus)* ist das Eigentum seines Herrn – doch wenn der Herr nett ist (wie Aurelias Vater), kann das Leben trotzdem angenehm sein. Dass Aurelius ein guter Herr ist, sieht man an der Freigelassenen *(liberta)* ……………………. Auch sie war einmal Sklavin, ist dann aber von Aurelius aus der Sklaverei entlassen worden. Jetzt ist sie frei, gehört aber weiterhin zur *familia* und kümmert sich um die Hausarbeit.

Und wenn man Aurelia fragt, dann gehört sicher noch jemand zur Familie, nämlich …………………….

Hundefigur aus Bronze.

II Ubi bene, ibi Colonia - Mit Fidus durch Köln

Quintus kennt sich aus in der Stadt.

Vocabularium

mūrus m.	Mauer	lēgātus m.	Statthalter
porta f.	Tor, Tür	habitat	er, sie, es wohnt
hīc	hier	rĕgit	er, sie, es regiert
incŏlae m./f.	die Einwohner	apud (*m. Akk.*)	bei
invādere	hineingehen	templum n.	Tempel
ēvādere	hinausgehen	sĕdet	er, sie, es sitzt
possunt	sie können	fŏrum n.	Marktplatz
ecce!	sieh!	adhūc	hierher
id est	das bedeutet	vĕniunt	sie kommen
colōnia f.	Kolonie	thermae f.	Thermen, Bäder
sunt	sie sind	monumentum Ubiorum n.	Ubierdenkmal
flŭvius m.	Fluss	haec gēns f.	dieser Stamm
Rhēnus m.	Rhein	Germānicus, a, um	germanisch
portus m.	Hafen		
praetōrium n.	Praetorium (Dienstsitz des Statthalters)		

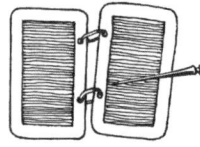

1. Was stand da, bevor Fidus über die Wörter gelaufen ist?

a) f 🐾 l 🐾 a

b) s 🐾 rv 🐾 s

c) t 🐾 mpl 🐾 m

d) 🐾 va 🐾 er 🐾

e) 🐾 ort 🐾 s

f) co 🐾 u 🐾 🐾

g) 🐾 🐾 uviu 🐾

h) a 🐾 ud

Grammatik im Griff

Substantive gibt es im Singular und Plural (Numerus = Anzahl).

Schau dir folgende Bilder an:

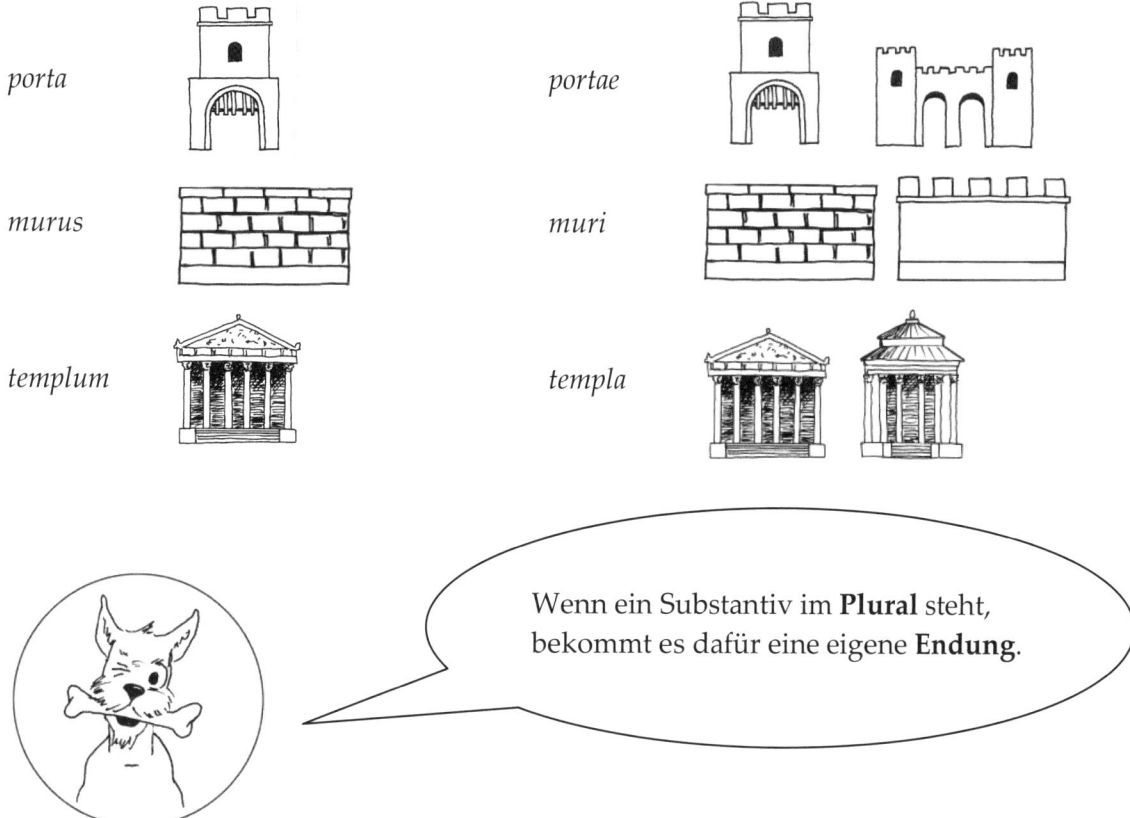

Nominativ Singular (1. Deklination)		Nominativ Plural (1. Deklination)	
incol - **a**	(der) Einwohner	incol - **ae**	(die) Einwohner

Nominativ Singular (2. Deklination, m.)		Nominativ Plural (2. Deklination, m.)	
amic - **us**	(der) Freund	amic - **i**	(die) Freunde

Bei Substantiven im Neutrum heißen die Formen anders:

Nominativ Singular (2. Deklination, n.)		Nominativ Plural (2. Deklination, n.)	
templ - **um**	(der) Tempel	templ - **a**	(die) Tempel

Nominativ Singular (3. Deklination)		Nominativ Plural (3. Deklination)	
mercator	(der) Händler	mercator - **es**	(die) Händler

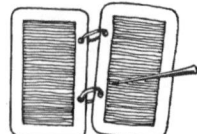

2. Trage die Endungen ein.

Nominativ Singular	Nominativ Plural	Deklination
		1. Deklination
		2. Deklination (m.)
		2. Deklination (n.)
		3. Deklination

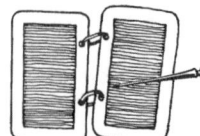

3. Was gehört wohin?

~~amica~~ – muri – thermae – coquus – porta – templa – ancillae – forum – monumenta – fluvius – puella – amici – gens – incolae – patres – legatus

Singular
amica

Plural

Grammatik im Griff

Verben haben Personalendungen.

Quintus zeigt Aurelia, was die Personen an den verschiedenen Orten in Colonia tun. Dazu benutzt er **Verben**:

Hic legatus habitat.	Der Statthalter **wohnt** hier.
Legatus regit.	Der Statthalter **regiert**.
Adhuc incolae veniunt.	Hierher **kommen** die Bewohner.

Im Lateinischen steht das Verb meist am Satzende.

Beachte die Endungen der Verben! Im Lateinischen brauchen wir die Personalpronomina „er, sie, es" nicht. Die **Endung** des Verbs zeigt dir, **wer** gerade handelt.

Jedes Verb kann in mindestens zwei Teile zerlegt werden:

	Wortstamm	Personalendung		
habitat	habita-	**t** (3. Person Singular)	**er, sie, es** wohnt
sedent	sede-	**nt** (3. Person Plural)	**sie** sitzen
venire	veni-	**re** (Infinitiv)	kommen

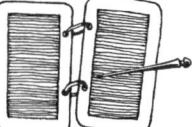

4. Verbinde durch Linien und übersetze.

a) Fidus   1. regit.   _____

b) Incolae   2. coquit.   _____

c) Flavus Germanus 3. habitant.   _____

d) Ubii   4. sedet.   _____

e) Legatus   5. veniunt.   _____

Köln und die Römer

Wie kamen die Römer eigentlich nach Köln?
Alles begann mit Gaius Iulius Caesar. Er eroberte zwischen 59 und 52 v.Chr. ganz Gallien und Germanien bis zum Rhein. Das bedeutete für die gallischen Völker nicht nur den Verlust ihrer Unabhängigkeit, sondern auch Vorteile: feste Straßen, Bauwerke aus Stein, Kanalisation, Brücken und vieles mehr. Der kleine germanische Stamm der Ubier lebte ursprünglich rechts des Rheins. Kaiser Augustus gab ihnen im Jahre 19 v.Chr. die Erlaubnis, sich auf römischem Gebiet anzusiedeln – als Gegenleistung für ihre Treue und Gefolgschaft.

Anfänge

Der Hauptort des Stammes, das *oppidum Ubiorum*, war anfangs nur ein Dorf aus Holz. Ab 12 v.Chr. wollte Kaiser Augustus Germanien weiter erobern, und das *oppidum Ubiorum* sollte dafür der Ausgangspunkt sein. Es wurde ausgebaut, in Stein oder sogar Marmor: v.a. die *ara*, eine große Altaranlage, an der alle germanischen Stämme den römischen Kaiser verehren sollten. Der Ort wurde Hauptstadt der Provinz Niedergermanien *(Germania inferior)* und Amtssitz des römischen Statthalters.

Mittelbogen des nördlichen Kölner Stadttors.

Köln wird Stadt

Inschrift am Stadttor.

Agrippina, Ehefrau des Kaisers Claudius, war als Tochter eines Feldherrn 15 n.Chr. im *oppidum Ubiorum* geboren worden. Deshalb brachte sie ihren Ehemann im Jahre 50 n.Chr. dazu, diese Siedlung zur Kolonie *(colonia)* zu erheben. Das war die höchste Form einer römischen Stadt – mit dem größten Ansehen und den meisten Rechten. Ihr Name lautete *Colonia Claudia Ara Agrippinensium*, abgekürzt CCAA. Heute ist von diesem langen Namen nur noch das erste Wort übrig: aus *colonia* wurde Köln.

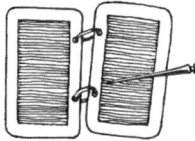

5. Trage die wichtigsten Ereignisse zur Stadtgeschichte des römischen Köln in den Zeitstrahl ein.

| 59-52 v.Chr. | 19-12 v.Chr. | 50 n.Chr. |

III Ludimus - Der Spielverderber

Aurelia schlendert mit Fidus durch die Straßen. In einer ruhigen Gasse treffen sie auf Quintus.

Vocabularium

quid?	was?	**etiam**	auch
agere	tun, machen	**amāre**	lieben, mögen
lūdere	spielen	**sumus**	wir sind
iacere	werfen	**estis**	ihr seid
ut	wie	**quis?**	wer?
vidēre	sehen	**vincere**	gewinnen
sed	aber, sondern	**eheu**	oh je
nucēs	Nüsse	**nunc**	jetzt, nun
optimus	der Beste	**nōn iam**	nicht mehr
nōn	nicht	**posse**	können
semper	immer	**turbātor m.**	Spielverderber

Grammatik im Griff

Verben: So erkennst du die 1. und 2. Person Singular und Plural

Du weißt sicher schon, dass jedes Verb im Singular und Plural in je drei Formen gebildet (konjugiert) werden kann, zum Beispiel: ich wohne, du wohnst, er, sie oder es wohnt, wir wohnen, ihr wohnt, sie wohnen.

Im Lateinischen gilt:

Die Endung eines Verbs zeigt an, welche Person etwas tut.

Schau dir im vorherigen Kapitel die Verbformen noch einmal an:

habita - **t**	er, sie, es wohnt	3. Person Singular
habita - **nt**	sie wohnen	3. Person Plural
habita - **re**	wohnen	Infinitiv

An der Personalendung erkennst du, wer etwas macht. Sie reicht völlig aus, sodass ein zusätzliches Wort für *er* oder *sie* meistens gar nicht gebraucht wird. In der neuen Geschichte sprechen Personen miteinander:

Quid agi - **s**?	Was machst du?
Lud -**o**.	Ich spiele.
Quid agi - **tis**?	Was macht ihr?
Ludi - **mus**.	Wir spielen.

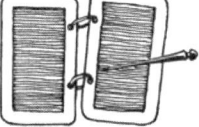

1. Jetzt hast du die Endungen für alle Personen kennengelernt. Trage die Endungen ein:

Singular			Plural			Infinitiv
1. Person	2. Person	3. Person	1. Person	2. Person	3. Person	Grundform

Übungen

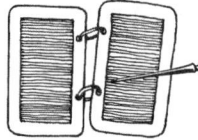

2. Ergänze die fehlenden lateinischen Verbformen:

1. Person Singular	habito	video	ludo	venio
2. Person Singular				
3. Person Singular	habitat			
1. Person Plural			ludimus	
2. Person Plural		videtis		
3. Person Plural			ludunt	veniunt
Infinitiv				venire

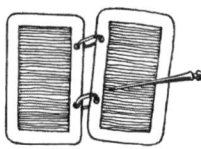

3. Bei zwei Verben, die du aus den Geschichten kennst, gibt es besondere Formen: bei *esse (sein)* und bei *posse (können)*. Konjugiere zunächst die Verben *sein* und *können* auf Deutsch und trage sie in die 2. und 4. Spalte ein.

Dann versuche die lateinischen Verbformen in das richtige Kästchen einzutragen:
~~estis~~ – possunt – ~~potes~~ – sum – est – possumus – sunt – ~~possum~~ – es – sumus – potestis – posse – potest – ~~esse~~

1. Person Singular			possum	*ich kann*
2. Person Singular			potes	
3. Person Singular				
1. Person Plural				
2. Person Plural	estis	*ihr seid*		
3. Person Plural				
Infinitiv	esse	*sein*		

esse und *posse* gehören zu den unregelmäßigen Verben. Ihre Formen musst du wie Vokabeln gesondert lernen.

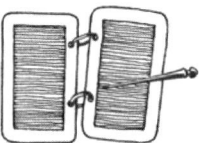

4. Wo sind lateinische Verbformen versteckt? Es gilt von links nach rechts und von oben nach unten. Findest du alle zwölf?

p	l	u	d	i	t	i	s	o	m
o	s	t	u	r	a	g	u	n	t
s	u	m	l	b	m	t	m	r	a
s	i	c	a	f	o	l	u	n	p
u	m	h	v	i	d	e	s	n	i
m	f	l	i	a	c	i	t	i	s
u	r	s	d	n	o	r	b	a	u
s	i	s	e	s	t	m	o	l	n
a	b	a	r	e	g	i	t	l	t
l	i	m	e	u	r	s	a	b	u

_____
_____
_____
_____
_____
_____
_____
_____
_____
_____
_____
_____

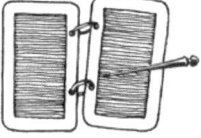

5. Ordne die lateinischen Vokabeln in die Tabelle ein:

amicus – murus – colonia – coquere – invadere – amica – porta – mercator – puella – evadere – coquus – portus – habitare – filia – miles – templum – sedere – venire – ancilla – mater – agere – pater – fluvius – ludere – vincere – legatus – forum – liberta – iacere – servus – amare – frater – thermae – videre – incolae

Berufe	Tätigkeiten	Orte	Personen

© 2011 Vandenhoeck & Ruprecht GmbH & Co. KG

Was römische Kinder spielten

Kinder spielen mit Nüssen, Relief.

Viele Spiele, die Kinder auch heute noch draußen spielen, kannten auch die Kinder in römischer Zeit schon, Fangen natürlich oder Versteckspiele, Ballspiele aller Art, aber auch Spiele mit Steinchen oder oft auch Nüssen. In unserer Bildergeschichte müssen Quintus und Aurelia die Nüsse auf ein auf den Boden gezeichnetes Feld werfen, oder man versucht, dass die eigenen Nüsse möglichst nahe beieinander liegen bleiben, während die anderen Spieler versuchen, genau das zu verhindern und selbst am besten zu werfen. Manchmal ließen die römischen Kinder die Nüsse dazu noch von einer Rampe herunterrollen. In einem anderen Nussspiel musste man Löcher im Boden treffen.

Für drinnen gab es viele Brettspiele, die unserem Backgammon oder Mühle ähneln. Würfelspiele waren eher etwas für Erwachsene, Kinder spielten dafür mit Knöchelchen. Und natürlich spielten auch römische Kinder gern mit Puppen und Figuren. Im Kölner Römisch-Germanischen Museum könnt ihr einige dieser Tierfiguren sehen, z.B. ein Pferdchen aus Terracotta.

Römisches Spielbrett: Ziegel mit eingeritztem Mühlespiel, Spielsteine aus Knochen.

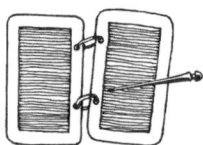 6. Schau dir in der Bildergeschichte noch einmal das Spiel an, mit dem sich Aurelia und Quintus beschäftigen. Probier selbst aus, wie es funktioniert.

IV Fidus et feles - Am Hafen

Vocabulary

hŏdĭē	heute	**vidēsne?**	siehst du?
mēcum	mit mir	**spectāre**	beobachten
vīsitāre	besuchen	**subitō**	plötzlich
nāvis f.	Schiff	**fēlēs f.**	Katze
onerāre	beladen	**piscis m.**	Fisch
māteria f.	Ware	**capere**	nehmen
apportāre	bringen	**fugā!**	verjage!
mox	bald	**facere**	tun, machen

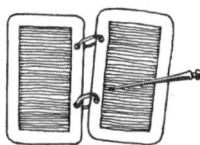

1. Wie lauten die Infinitive? Setze zusammen:

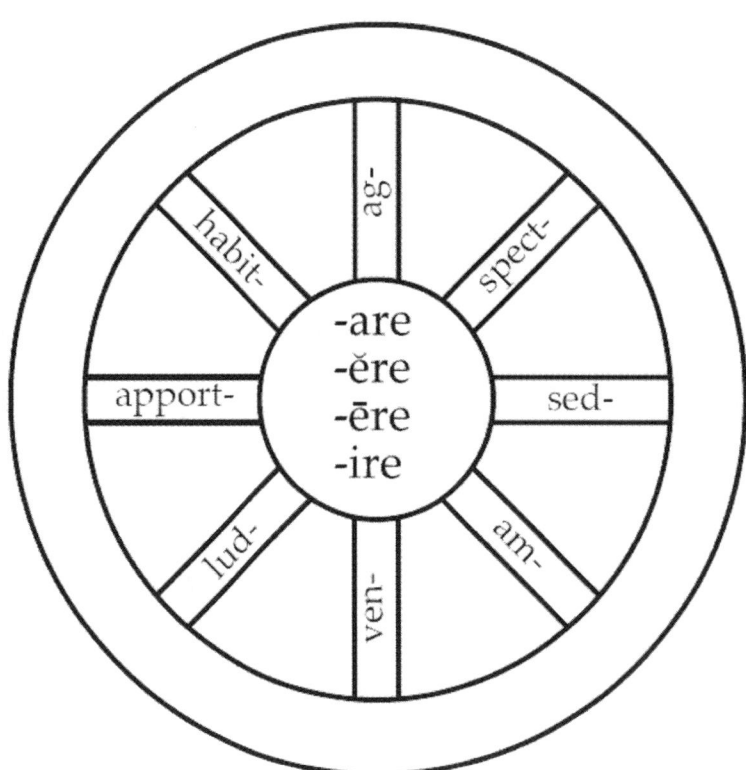

Grammatik im Griff

Die Bildung des Akkusativ Singular von Substantiven

Wir haben bisher gelernt, dass sich Substantive im Genus und Numerus unterscheiden. Je nach ihrer Funktion im Satz stehen sie außerdem auch in verschiedenen Fällen (Kasus).

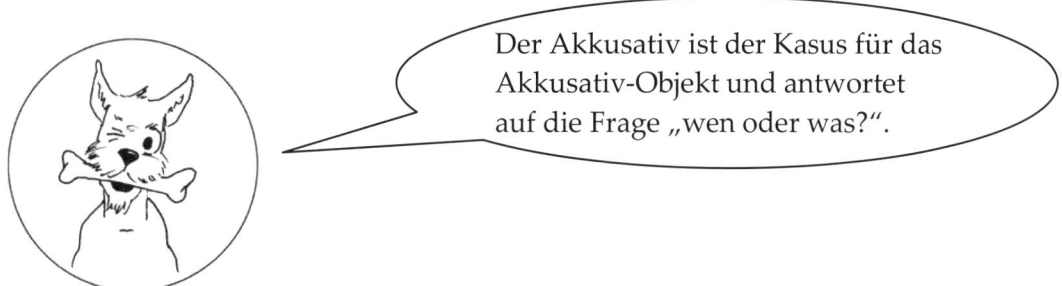

Der Akkusativ ist der Kasus für das Akkusativ-Objekt und antwortet auf die Frage „wen oder was?".

Schau dir in der Geschichte noch einmal Bild 1 an:

| *Servi materiam apportant.* | Die Sklaven bringen die Ware. |

Um in diesem Satz das Wort *materiam* zu bestimmen, kann man die Frage stellen: „**Wen oder was** bringen die Sklaven?" Dies ist die Frage für den **Akkusativ (vierter Fall)**.

Der Akkusativ Singular

*puell - **am***	(das Mädchen)	von *puell - **a***	1. Deklination
*carr - **um***	(den Wagen)	von *carr - **us***	2. Deklination (m.)
*templ - **um***	(den Tempel)	von *templ - **um***	2. Deklination (n.)
*can - **em***	(den Hund)	von *can - **is***	3. Deklination

Du siehst, alle Formen des Akkusativ Singular haben etwas gemeinsam: Es wird ein **-m** am Ende des Wortes angehängt.

Beachte:
Im **Neutrum** sind die Formen des Nominativ und Akkusativ gleich.
Bei der **3. Deklination** wird noch ein *-e-* vor das **m** gesetzt: can - **e** - **m**.

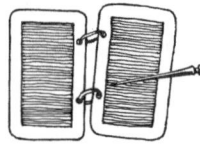

2. Quintus und Aurelia spielen „Ich sehe was, was du nicht siehst." Ergänze Quintus´ Sprechblase und schreibe die Sätze auf.

Zum Beispiel: „*Vides Fidum!*"

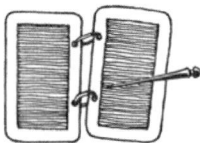

3. Bilde die Akkusativ-Formen zu den Substantiven in den Kästen und übersetze:

a) Aurelia _____ servus spectat.

b) Quintus _____ porta videt.

c) Fidus apud _____ murus est.

d) Servus _____ materia apportat.

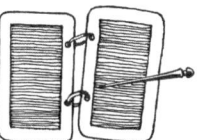

4. Es gibt immer etwas zu tun. Übersetze:

Servus	apportat.	_____
	onerat.	_____
	coquit.	_____
	facit.	_____
Fidus	sedet.	_____
	fugat.	_____
	spectat.	_____
	capit.	_____
Incolae	veniunt.	_____
	evadunt.	_____
	spectant.	_____
	invadunt.	_____

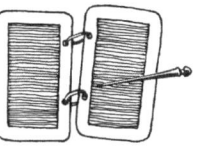

5. Beschrifte mit lateinischen Vokabeln das unten stehende Bild. Gehe hierzu alle bisherigen Vokabeln durch und suche die heraus, die zum Thema *Hafen, Handel und Verkehr* passen. Du kannst die Abbildung durch eigene Zeichnungen ergänzen.

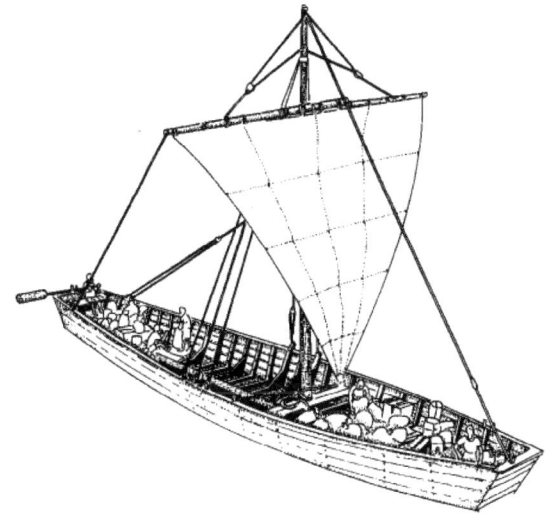

Handel und Verkehr in römischer Zeit

Aurelia, ihr Vater und Fidus fahren mit Waren zum Hafen. Hierbei benutzen sie einen vierrädrigen Wagen, der von Ochsen gezogen wird. Dass die Menschen in römischer Zeit sich tatsächlich so fortbewegten, beweist zum Beispiel ein Grabmal aus Augsburg:

Ochsenwagen mit Weinfässern und Hund, Relief.

Waren wurden auf einem gut ausgebauten Verkehrsnetz transportiert. Die Straßen führten damals schon mit Hilfe von Brücken über Täler und Flüsse.

Aber auch der Wasserweg wurde von den Römern zum Warentransport gewählt: Aurelia und Fidus sehen am Kölner Hafen ein typisches Lastschiff, mit dem bis zu 2000 Zentner Ware verschifft werden konnte. Diese Schiffe waren ca. 34 Meter lang und mit einem Segel ausgestattet. Mit einem solchen Schiff ließ Aurelias Vater zum Beispiel Glas und Metall nach Britannien bringen und aus Britannien Stoffe nach Köln einführen.

Der Handel über Landesgrenzen hinaus, den wir aus der heutigen Zeit kennen, war also auch schon im römischen Reich möglich und üblich!

V Flavus cenam parat – In der Küche

 pullus  prunum  pomum  fabae  cepae  botuli

Aurelias Mutter Claudia hat zu einem Abendessen eingeladen. Für Flavus gibt es also viel zu tun.

Fidus iacet et dormit.

Flavus copias apportat.

Flavus copias deponit.

Cepas et fabas secat.

Pullos et pisces parat.

Flavus poma et pruna lavat.

Flavus botulos torret.

Vocabularium

cēna f.	Speise, Essen	**dēpōnere**	ablegen
parāre	bereiten	**secāre**	schneiden
iacēre	liegen	**lavāre**	waschen
dormīre	schlafen	**torrēre**	braten
cōpiae f.	Vorräte	**habēre**	haben

Grammatik im Griff

Die Bildung des Akkusativ Plural von Substantiven

Alle Kasus gibt es im Singular und im Plural. In der letzten Geschichte hast du den Akkusativ Singular kennengelernt. In dieser Geschichte lernst du die Pluralformen des Akkusativs. Schau dir die Geschichte noch einmal genau an.

Fidus botulos amat.	Fidus liebt Würste.
Flavus copias deponit.	Flavus legt die Vorräte ab
et pisces parat.	und er bereitet die Fische zu.
Flavus poma lavat.	Flavus wäscht die Äpfel.

Das Kennzeichen des Akkusativ Plural ist in der Regel der Buchstabe **-s**.

Der Akkusativ Plural

*puell - **as***	(die Mädchen)	von *puell - **a***	1. Deklination
*carr - **os***	(die Wagen)	von *carr - **us***	2. Deklination (m.)
*templ - **a***	(die Tempel)	von *templ - **um***	2. Deklination (n.)
*can - **es***	(die Hunde)	von *can - **is***	3. Deklination

Beachte: Die Endung des Akkusativ Plural im Neutrum lautet **-a.** Im Neutrum sind die Formen des **Nominativ und Akkusativ Plural** also gleich.

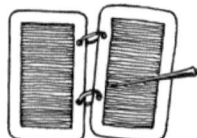

1. Was gehört wohin?

~~puella~~ – puellas – puellam –
carrum – carros – carrus – templum (2x) –
templa – mater – matrem – matres – amicos –
amicus – amicum – mercator –
mercatores – mercatorem

Nominativ Singular	Akkusativ Singular	Akkusativ Plural
puella		

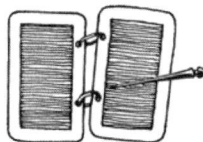

2. Welche Wörter gehören nicht in die Reihe?

a) amicum – templum – sum – coquum – stilum – monumentum

b) ancilla – templa – vina – monumenta – lucra

c) coquis – evadis – convenis – canis – regis

d) mensas – copias – materias – libertas – paras

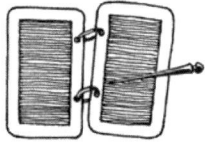

3. Welche Verbindung stimmt? Erkläre.

a) Fidus (botulus / botulos / botuli) amat.

b) Videsne (Fidus / Fidos / Fidum)?

c) Amici nuces iaciunt. / Amicos nuces iaciunt. / Amici nuces iacent.

Essen in römischer Zeit

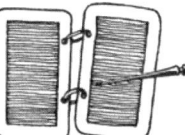

4. Lies dir den Lückentext durch und setze anschließend die Begriffe aus dem Kasten in die Lücken ein. Ordne dann die dick gedruckten Buchstaben und du erhältst einen Satz aus der Geschichte.

Morgens gab es in der Regel zwischen 8 und 9 Uhr _____, das *ientaculum*. Hierzu aß man Brot, Honig, Oliven und Käse. Zum Mittagessen, dem *prandium*, aßen die Menschen aufgewärmte Speisen _____ und tranken Wasser und *mulsum*, Honigwein.

Das Abendessen, die *cena*, war die wichtigste Mahlzeit: Da gab es sogar drei Gänge: Als _____ wurden z.B. Fisch und Gemüse gereicht. Das Hauptgericht bestand, wie auch bei Flavus, aus Geflügel, Fisch, Rindfleisch und Gemüse (_____).

Den Abschluss bildete der Nachtisch mit Backwaren, Früchten und Käse. Man trank dazu gern _____. Dieser wurde allerdings mit Wasser verdünnt.

In den Speiseräumen waren meist drei _____ um einen Tisch angeordnet. Die vierte Seite blieb frei, damit Sklaven von dort aus bedienen konnten. Während des Essens lagen die Männer, _____ saßen auf Korbstühlen;

Die Speisen wurden zunächst in kleine, mundgerechte Portionen geschnitten und dann serviert. Die Menschen aßen mit den Fingern. Sie benutzten aber auch _____. Darin konnte man auch, wenn man eingeladen war, Reste der Mahlzeit einwickeln und mit nach Hause nehmen.

Vorratsgefäße und Geschirr aus Ton, Bronze und Glas.

Frauen	Vorspeise	Frühstück	**S**ervietten	Liegen
vom **V**orabend		Wein		wie Lauch, Kohl, Spargel

Lösungssatz: _____

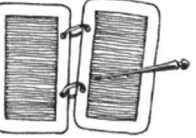

5. Flavus will ein leckeres Abendessen kochen. Stelle eine Einkaufsliste auf Latein für ihn zusammen.

VI Iter facimus – Fahrt nach Ahrweiler

Aurelius unternimmt eine Geschäftsreise.

Vocabularium

trāns (mit Akk.)	über	**taberna f.**	Gastwirtschaft
mōns m.	Berg	**dŏmum**	nach Hause
ad (mit Akk.)	zu	**remittere**	zurückschicken
vīnētum n.	Weinberg	**tandem**	endlich
iter facere	reisen	**pervenīre**	gelangen
per (mit Akk.)	durch, über	**stătim**	sofort
vĭa f.	Straße	**festīnāre**	eilen
vĭa militāria	Militärstraße	**vīnum n.**	Wein
petere	hingehen, gelangen	**probāre**	probieren
quaesō	bitte	**vīlla f.**	Landhaus, Landgut
quoque	auch	**ambulāre**	spazierengehen
volō	ich will	**tēgula f.**	Ziegelstein
clam	heimlich	**inīre**	betreten, treten auf
in (mit Akk.)	in ... hinein	**postea**	danach
carrus m.	Karren, Wagen	**valē**	lebe wohl
salīre	springen	**redīre**	zurückkehren
inter (m. Akk.)	zwischen	**volumus**	wir wollen
sepulcrum n.	Grabmal		

Grammatik im Griff

Der Akkusativ als Richtungskasus

Der Akkusativ kann auch für adverbiale Bestimmungen verwendet werden. Als Richtungskasus steht er auf die Frage „wohin?" oft mit einer Präposition.

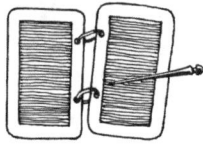

1. In den beiden letzten Geschichten hast du den Akkusativ Singular und Plural als Objekt kennengelernt. Kennst du die Endungen noch?

Akkusativ Singular	Akkusativ Plural
amic-	amic-
vin-	vin-
tegul-	tegul-
mont-	mont-

Im Lateinischen steht der Akkusativ nicht nur auf die Frage „wen oder was?" in der Funktion als Akkusativobjekt. Schau dir in der Geschichte noch einmal Bild 7 an:

| *Fidus in tegulam intrat.* | Fidus tritt auf einen Ziegel. |

Der Akkusativ ist hier mit einem Verhältniswort, einer Präposition, verbunden: *in*. Beide zusammen antworten auf die Frage „wohin?" und geben die Richtung an. Dieses Satzglied heißt Umstandsbestimmung oder adverbiale Bestimmung.

Manchmal steht ein Richtungsakkusativ auch ohne Präposition.

| *domum* | nach Hause |
| *Coloniam* | nach Köln |

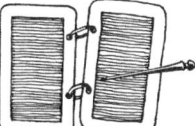

2. In der Bildergeschichte gibt es insgesamt elf verschiedene adverbiale Bestimmungen der Richtung. Findest du sie alle?

1.	7.
2.	8.
3.	9.
4.	10.
5.	11.
6.	

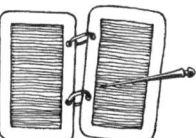

3. Setze die deutsche Bedeutung ein und bringe die grau unterlegten Buchstaben in die richtige Reihenfolge. Dann erfährst du, worauf Aurelia sich während der Reise freut.

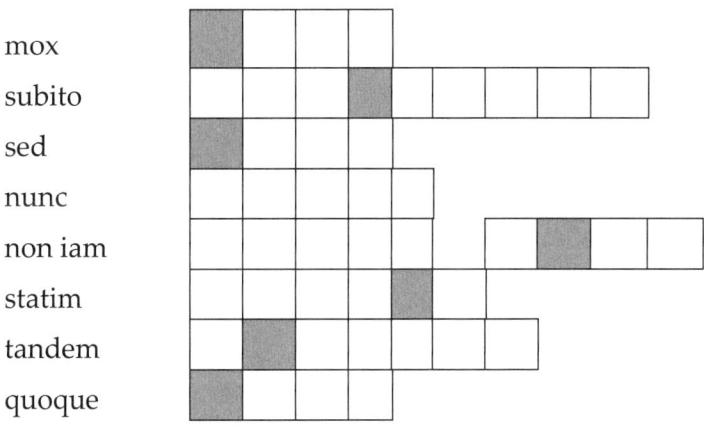

mox
subito
sed
nunc
non iam
statim
tandem
quoque

Lösungswort: __ __ __ __ __ __

Stadt und Territorium

Die CCAA hatte zur Zeit unserer Geschichte eine Fläche von etwa 1 km², umringt von einer Stadtmauer mit neunzehn Türmen und neun Toren. Bis zu 50 000 Menschen könnten hier und in den Vorstädten gelebt haben.

Eine römische Stadt bestand aber nicht nur aus dem eigentlichen Stadtkern. Dazu gehörte auch ein großes Umland, das *territorium*. Das der CCAA reichte im Norden von Krefeld-Gellep bis zum Vingstbach (zwischen Brohl und Bad Breisig) im Süden, vom Rhein im Osten bis in die Gegend von Aachen im Westen. Die CCAA war also weit größer als das heutige Köln. Dort gab es mindestens 40 Siedlungen (*vici*), z.B. Iuliacum – _____, Tolbiacum – _____, Bonna – _____ oder Durnomagus – _____. Dazu kamen Militärstandorte: In Bonna war immer eine Legion stationiert, in der auch Gaius diente, eine weitere lag in Novaesium – _____.

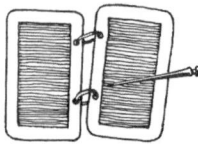

4. Setze die heutigen Namen passend in den Text ein:
Bonn – Dormagen – Jülich – Neuss – Zülpich

Köln in spätrömischer Zeit, aquarellierte Zeichnung.

Die Masse der Bevölkerung aber lebte nicht in solchen Siedlungen, sondern auf Bauernhöfen (*villae rusticae*); insgesamt könnte es bis zu 5000 größere und kleine davon auf dem Territorium der CCAA gegeben haben. Sie gehörten oft den reichen Familien aus der Stadt.
Die Gesamtbevölkerung des römischen Köln (Stadt und Territorium) lässt sich nur schwer schätzen. Nimmt man die stationierten Truppen hinzu, lebten dort wohl mehr als 150 000 Menschen.

Straßen

Die Straßen verbanden die CCAA mit dem Rest des Imperium Romanum. Auf dem Forum trafen sich die beiden Hauptverkehrsadern: der *cardo maximus* (heute die Hohe Straße) von Nord nach Süd und der *decumanus maximus* (die Schildergasse) von Ost nach West.

In unserer Geschichte wollen Aurelia und ihr Vater in die Eifel reisen. Sie nehmen dazu die südlich verlaufende Hauptstraße (Luxemburger Straße); sie führte zunächst nach Tolbiacum, und von dort kam man dann in südlicher Richtung nach Augusta Treverorum (Trier).

Vom Wagen aus sah Aurelia unzählige Grabmonumente in dichten Reihen entlang der Straße stehen. In einer römischen Stadt, so auch in der CCAA, war es nämlich verboten, Verstorbene innerhalb der Mauern zu bestatten.

Wer es sich leisten konnte, ließ sich die Bestattung auch richtig etwas kosten – Grabmonumente mit einer Höhe von zehn Metern oder mehr (wie das Poblicius-Grabmal im Römisch-Germanischen Museum) waren keine Seltenheit.

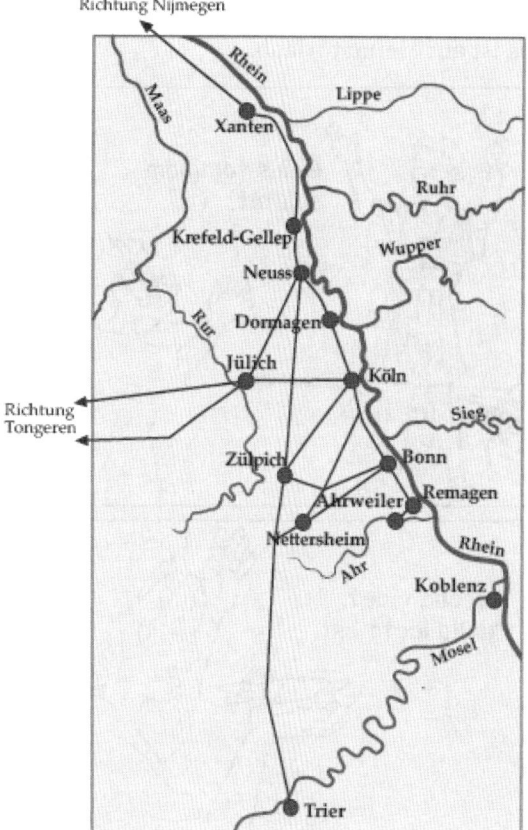

Straßen in Niedergermanien.

Und dass Fidus wirklich in Ahrweiler war, siehst du hier:

Pfotenabdruck aus Ahrweiler.

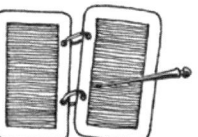

5. Finde heraus, ob es römische Siedlungen in deiner Nähe gegeben hat.

VII Fidus et canis vitreus - Der Konkurrent

Gaius ist auf Heimaturlaub.

Vocabularium

familia f.	Familie	**parvus, a, um**	klein
salūtāre	begrüßen	**neglegĕre**	vernachlässigen
vĭtreus, a, um	gläsern, aus Glas	**sōlus, a, um**	einsam, allein
dōnāre	schenken	**fōrmōsus, a, um**	schön
rīdēre	lachen	**invĭdus, a, um**	eifersüchtig
laetus, a, um	fröhlich	**occultāre**	verstecken

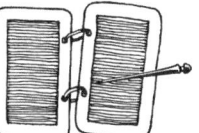

1. Wörter gesucht:

				i	s	Damit fahren Aurelia und Fidus nach ihrem Besuch in Ahrweiler zurück nach Köln.
				i	s	Fidus ist einer.
				i	s	Quintus sagt zu Aurelia: „Du _____ die Nüsse auf das Spielfeld!"

			u	s	Der sorgt für leckres Essen.
			u	s	Dort gehen Seeleute an Land.
			u	s	Auf ihn kannst du dich verlassen und ihm vertraust du Geheimnisse an.
			u	s	Das ist das Gegenteil von „groß".

			a	Darauf fahren die Wagen.
			a	Wenn das gelungen ist, lobt Claudia Flavus.
			a	Ein Wohnhaus auf dem Land.
			a	Den benötigt man zum Bau einer Mauer.

Grammatik im Griff

Adjektive der 1. und 2. Deklination

Du weißt nun schon viel über Substantive und Verben. Jetzt geht es um eine dritte Wortart: das Adjektiv. Adjektive sind Wörter, die Substantive genauer beschreiben.

*Frater **magnus** familiam salutat.*

Der **große** Bruder grüßt seine Familie.

Magnus beschreibt das Substantiv *frater* genauer. Hier fragt man nach *magnus* mit „wie?" oder „was für ein ... ?". Es handelt sich also um ein Eigenschaftswort, ein **Adjektiv**. Das Substantiv, zu dem das Adjektiv gehört, nennt man das Bezugswort.

puella laeta	Nominativ Singular (f.)	das fröhliche Mädchen
Fidus solus	Nominativ Singular (m.)	der einsame Fidus
templum magnum	Nominativ Singular (n.) / Akkusativ Singular (n.)	der große Tempel / den großen Tempel
canis vitreus (!)	Nominativ Singular (m.)	der gläserne Hund / der Hund aus Glas

Beachte:
Wird ein Substantiv der **3. Deklination,** wie z.B. *canis*, durch ein Adjektiv der 1. und 2. Deklination, z.B. *vitreus*, beschrieben, sehen die Endungen unterschiedlich aus.

Das Adjektiv passt sich seinem Bezugswort an:
Es stimmt im Fall (Kasus), Anzahl (Numerus) und Geschlecht (Genus) mit ihm überein.

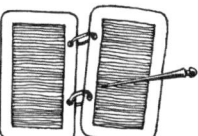

2. Ergänze in den Sätzen das passende Adjektiv.

Als Soldat trainiert Gaius täglich.
Gaius est _____ . (laeta / solus / validus: stark)

Aurelia wurde beschenkt.
Aurelia est _____ . (laetus / laeta / formosum)

Anna hat Claudia frisiert.
Claudia est _____ . (magna / formosus / formosa)

Fidus mag den gläsernen Hund nicht.
Fidus est _____ . (invidus / invidum / parvus)

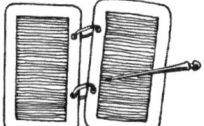

3. Was gehört zusammen? Verbinde die Adjektive mit den grammatisch passenden Substantiven und übersetze.

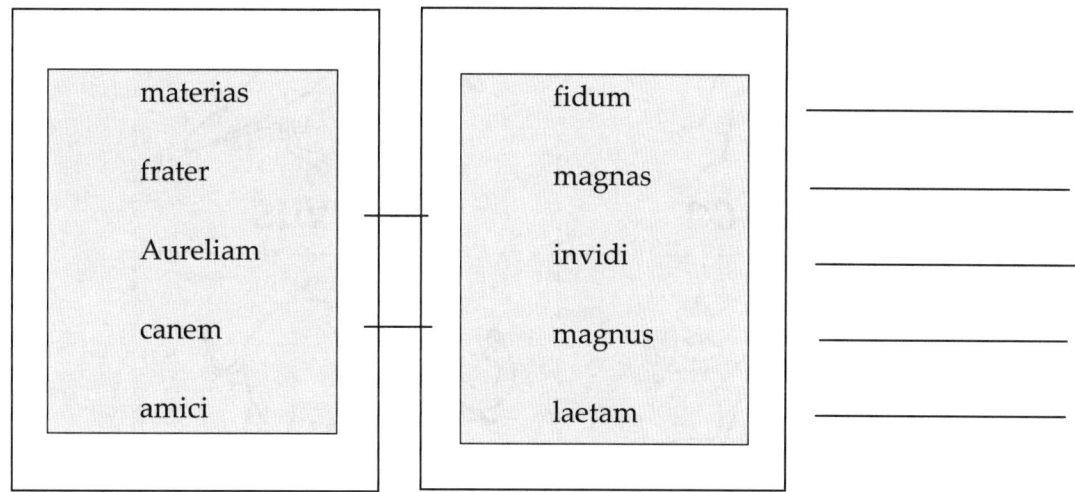

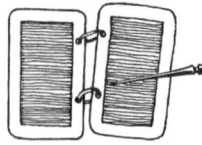

4. Tierisch

Auf den nächsten Seiten findest du Karten mit Tieren und Eigenschaften. Kopiere sie, schneide sie aus und bilde sinnvolle und grammatisch richtige Wortverbindungen.
Tipp: Achte auf die Endungen!

canis	cuniculus
feles	rana
psittacus	equus
formica	corvus
simia	elephantus

Vorderseite

ignavus / ignava	formosus / formosa	callidus / callida
magnus / magna	superbus / superba	improbus / improba
parvus / parva	invidus / invida	minimus / minima
bonus / bona	validus / valida	strenuus / strenua

Rückseite

faul	schön	klug
groß	angeberisch	frech
klein	eifersüchtig	sehr klein
gut	stark	tüchtig/fleißig

Römisches Glas

Dass sich Aurelia über den kleinen Glashund freute, hat seinen Grund: So eine hochwertig gearbeitete Figur aus farbigem Glas war ein sehr exklusives Geschenk, das für Gaius bestimmt nicht billig war.

Gekauft hat Gaius den Hund vermutlich in der CCAA selbst, denn die Stadt war ein Zentrum der Glasproduktion. Das beweisen die vielen Funde, die jetzt im Römisch-Germanischen Museum zu sehen sind, aber auch etliche nachgewiesene römische Glasöfen im Stadtgebiet und auf dem Territorium.

Der Originalglashund im Römisch-Germanischen Museum.

Für Glas benötigt man Quarzsand, der geschmolzen und dann durch Guss oder Glasbläserei weiterverarbeitet wird. Man findet und fand ihn in großer Reinheit z.B. in Frechen. Wegen der enormen Temperaturen (etwa 1500°C) und der großen Feuergefahr durften diese Betriebe allerdings nicht innerhalb der Stadtmauern der CCAA arbeiten.

Hergestellt wurden Becher, Kannen, Schüsseln, Salbfläschchen oder Parfümampullen, aber auch Schmuck (Ringe, Armreifen, Haarnadeln) oder Mosaiksteinchen; auch Fensterglas kannte man bereits.

Dabei gab es große Qualitätsunterschiede: einfache, unverzierte Gebrauchsgegenstände (zum Beispiel Vierkantflaschen), aber auch Gläser, die mit farbigen Auflagen verziert waren (Schlangenfadengläser), Gläser mit aufwändig gearbeiteten Griffen (zum Beispiel in Form von Delfinen), Gläser in Form eines Kopfes oder eines Muschelpokals oder eben Tierfiguren.

Absolute Spitzenprodukte waren die sogenannten Diatretgläser oder Netzbecher: doppelwandige Gefäße, bei denen das eigentliche Glas mit einem durchbrochenen Glasnetz umgeben war. Für solche Gläser zahlt man heute schwindelerregende Preise: Im Römisch-Germanischen Museum steht das angeblich zweitteuerste Glas der Welt – ein Diatretbecher, der 1960 in Köln-Braunsfeld gefunden wurde; wollte man ihn kaufen, läge der Preis bei mehr als fünf Millionen Euro.

Wir können annehmen, dass solche Gläser auch für Aurelias Vater interessant waren – als Luxusgüter für den Export in andere Provinzen.

Vierfarbiges Diatretglas mit griechischer Aufschrift.

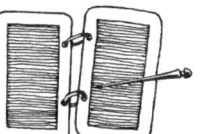

5. Warum waren manche Glasprodukte so kostbar? Erkläre.

VIII Ubi donum est? - Auf der Suche

Vocabularium

dōnum	Geschenk	**ē/ex** (mit Abl.)	aus
maestus, a, um	traurig	**fenestra f.**	Fenster
cūr?	warum?	**cecidit**	ist gefallen
měus, a, um	mein	**lectus m.**	Bett
abesse	fort sein, fehlen	**corbula f.**	Korb
adǐuvāre	unterstützen	**mē**	mich
tēcum	mit dir	**cum** (mit Abl.)	mit
quaerere	suchen	**ā/ab** (mit Abl.)	von
fortāsse	vielleicht	**revěnīre**	zurück kommen
in (mit Abl.)	in	**stǔpēre**	stutzen
cista f.	Kiste	**tǎm**	so (sehr)
sub (mit Abl.)	unter	**cěleriter** (Adv.)	schnell
mensa f.	Tisch	**invěnīre**	finden
		praemium n.	Belohnung

Grammatik im Griff

Präpositionen

In der sechsten Geschichte hast du bereits lateinische Präpositionen kennengelernt. Auch in der Geschichte 8 begegnen sie dir wieder: Sie geben dieses Mal nicht an, **wohin** jemand geht, sondern **wo** sich jemand oder etwas befindet.

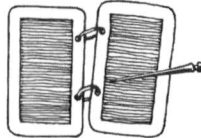

1. Schreibe die fünf lateinischen Präpositionen auf, die in der Geschichte 8 vorkommen, und notiere ihre deutsche Bedeutung.

Lateinische Präposition	Deutsche Bedeutung

Eine Präposition steht mit einem Substantiv entweder mit dem Akkusativ, meist auf die Frage „**wohin**?", oder mit dem Ablativ, oft auf die Frage „**wo**?".

Der Ablativ Singular

Der Ablativ ist ein Kasus, den es im Deutschen nicht gibt. An folgenden Endungen erkennst du ihn:

in cist - ā	in der Kiste	von *cist - a*	1. Deklination
in carr - ō	im Wagen	von *carr - **us***	2. Deklination (m.)
in templ - ō	im Tempel	von *templ - **um***	2. Deklination (n.)
cum can - e	mit dem Hund	von *can - is*	3. Deklination

Der Ablativ ist der Kasus für viele **adverbiale Bestimmungen,** also Satzteile, die auf folgende Fragen antworten:

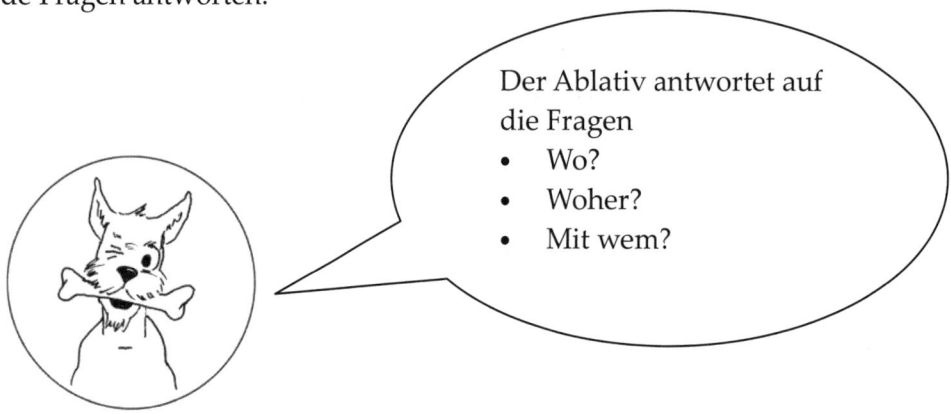

Der Ablativ antwortet auf die Fragen
- Wo?
- Woher?
- Mit wem?

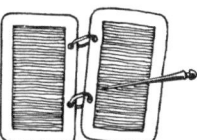

2. Schau dir die Bilder des Textes noch einmal an:
a) Suche alle Ablative heraus und
b) notiere, auf welche Frage die Ablative jeweils antworten.

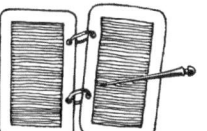

3. Wer macht was? Füge die richtigen Namen in die Sätze ein.

1. _____ e fenestra videt.
2. _____ cum Quinto ludit.
3. _____ in lecto iacet.
4. _____ sub lecto sedet.
5. _____ in domicilium venit.
6. _____ ad mensam it.

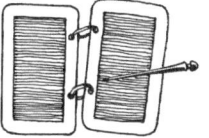

4. Vokabeln gesucht! Wie viele lateinische Wörter findest du für die vier Wortfelder?

Gefühle	Einrichtungs-gegenstände	Zeitpunkt	Bewegung

Wohnen in der CCAA

Nur die wenigsten Stadtbewohner lebten wie Aurelius und seine Familie. Die überwiegende Zahl der Einwohner lebte recht einfach in mehrstöckigen Ziegelhäusern zur Miete. Die Mietshäuser standen dicht nebeneinander und wurden durch Straßen begrenzt, die genau rechtwinklig verliefen. So ergab sich ein schachbrettartiges Straßenmuster mit gleichmäßigen Inseln. Deshalb nannte man die Mietshäuser selbst auch *insulae*.

Die Orientierung war nicht einfach, weil man bis auf die ganz wichtigen Straßen keine Straßennamen hatte. Es gab also keine Adresse, wie wir sie kennen. Man wies auf benachbarte Gebäude, Plätze und geographische Besonderheiten (Hügel, Fluss, etc.) hin oder orientierte sich an den Häusern von bekannten und reichen Personen.

Die wohlhabenden Einwohner hatten größere Häuser aus Stein mit Mosaikfußböden, Gärten und eigenen Bädern. Die Wände waren mit Darstellungen von Pflanzen, Tieren oder Göttergeschichten verziert. Besonders prächtig war das Haus mit dem Dionysosmosaik aus dem 3. Jahrhundert, eines der Prunkstücke des Römisch-Germanischen Museums.

Draußen an den Häusern befanden sich oft Geschäfte, die noch zusätzlich überdacht waren. So entstanden Säulengänge, die Schutz boten gegen Sonne und Regen. Fenster nach außen waren nicht wichtig, weil das Haus um den Garten herum angeordnet war. Die Einrichtung von Aurelius' Haus mag aus schönen Tischen, Sesseln und Leuchten bestanden haben. Vermutlich gab es auch Kohlebecken zum Heizen und kostbares Geschirr. Ein Sarkophag aus Leyden in den Niederlanden zeigt, womit sich ein reicher Stadtbewohner einrichtete.

Luxuriöse Einrichtung eines Esszimmers, Relief in einem Sarg.

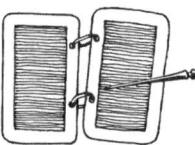

5. Mach es wie die Römer: Beschreibe deinen Heimweg von der Schule ohne Straßennamen und Hausnummern.

IX In schola - Unterricht bei Demosthenes

Vocabularium

hōra f.	Stunde	**scrībere**	schreiben
secunda hōra f.	ca. 8 Uhr	**magister m.**	Lehrer
schŏla f.	Schule	**dĭgĭtus m.**	Finger
properāre	sich beeilen	**compŭtāre**	rechnen
dēbēre	müssen	**statua f.**	Statue
tăbŭla f.	Tafel	**imāgō f.**	Bild
stĭlus m.	Stift	**dĕus m.**	Gott
sēcum	mit sich	**explanāre**	erklären
portāre	tragen	**herba f.**	Pflanze
sērō	spät	**frūctus m.**	Frucht
tē	dich	**ŏdor m.**	Duft
exspectāre	warten auf	**dēmōnstrāre**	zeigen
multi, ae, a	viele	**crūstulum n.**	Keks
īnstrūmentum n.	Hilfsmittel	**littera f.**	Buchstabe
labōrāre	arbeiten	**expōnere**	erklären
prīmō	zuerst	**appārēre**	erscheinen
nōnnūllī	einige	**īrātus, a, um**	wütend, zornig
discĭpŭlus m.	Schüler	**ferula f.**	Rute, Stock
verbum n.	Wort	**expellere**	vertreiben

Grammatik im Griff

Der Ablativ Plural

In Geschichte 8 hast du den Ablativ im Singular kennengelernt. *Hora secunda* ist auch eine Ablativform und antwortet auf die Frage „**Wann?**".

Schau dir in der neuen Geschichte noch einmal Bild vier an:

| *Magister digitis computat.* | Der Lehrer rechnet mit den Fingern. |

Um in diesem Satz *digitis* zu bestimmen, stellt man die Frage „**Womit** rechnet der Lehrer?" Dies ist eine weitere Frage nach dem Ablativ: *digitis* ist also eine **Ablativform** von *digitus*, hier nun im **Plural**.

Der Ablativ Plural:

tabul - īs	(mit den Tafeln)	von *tabul - a*	1. Deklination
digit - īs	(mit den Fingern)	von *digit - us*	2. Deklination (m.)
instrument - īs	(mit den Hilfsmitteln)	von *instrument - um*	2. Deklination (n.)
imagin - ibus	(mit den Bildern)	von *imag - o*	3. Deklination

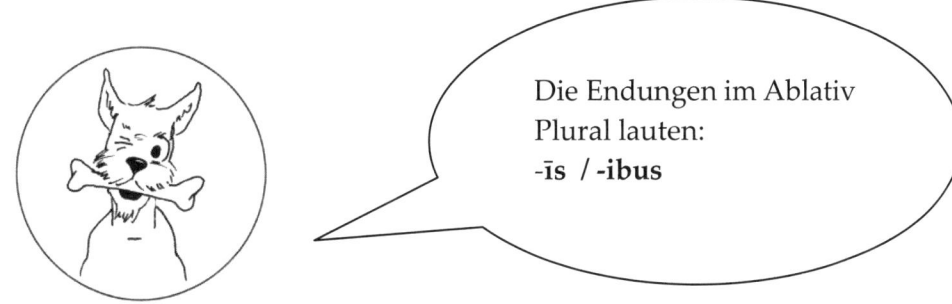

Die Endungen im Ablativ Plural lauten:
-īs / -ibus

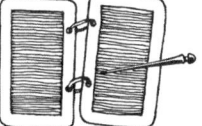

1. Insgesamt gibt es in unserer neuen Bildergeschichte elf Formen im Ablativ Plural. Vier stehen schon oben in der Tabelle. Ergänze nun die sieben weiteren Formen:

Ablativ	Übersetzung	von	Deklination

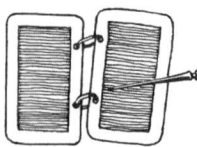

2. Verwandte Wörter
Welche lateinischen Vokabeln verstecken sich hinter den folgenden Wörtern?

Schule: schola

Stil: _____

Tafel: _____

Instrument: _____

digital: _____

Computer: _____

Frucht: _____

Kruste: _____

Literatur: _____

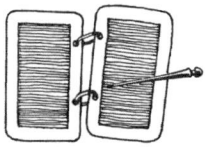

3. Schritt für Schritt

Beispiel:

via ⇨   *Akkusativ* ⇨   *Plural* ⇨   *Ablativ* ⇨   *Singular*

viam   vias   viis   via

a) stilus ⇨   *Plural* ⇨   *Ablativ* ⇨   *Singular* ⇨   *Akkusativ* ⇨   *Plural*

_____   _____   _____   _____   _____

b) templum ⇨ *Ablativ* ⇨   *Plural* ⇨   *Akkusativ* ⇨   *Singular* ⇨   *Nominativ*

_____   _____   _____   _____   _____

c) mercator ⇨ *Plural* ⇨   *Akkusativ* ⇨   *Singular* ⇨   *Ablativ* ⇨   *Plural*

_____   _____   _____   _____   _____

4. Übertrage die Wörter von der Mauer in die Tabelle. Sortiere sie so, dass alle mit der gleichen Bedeutung in einer Zeile stehen. Ergänze nun die lateinischen und englischen Vokabeln und ihre deutsche Bedeutung. Für die dritte Spalte frage deine Mitschüler, die Französisch lernen.

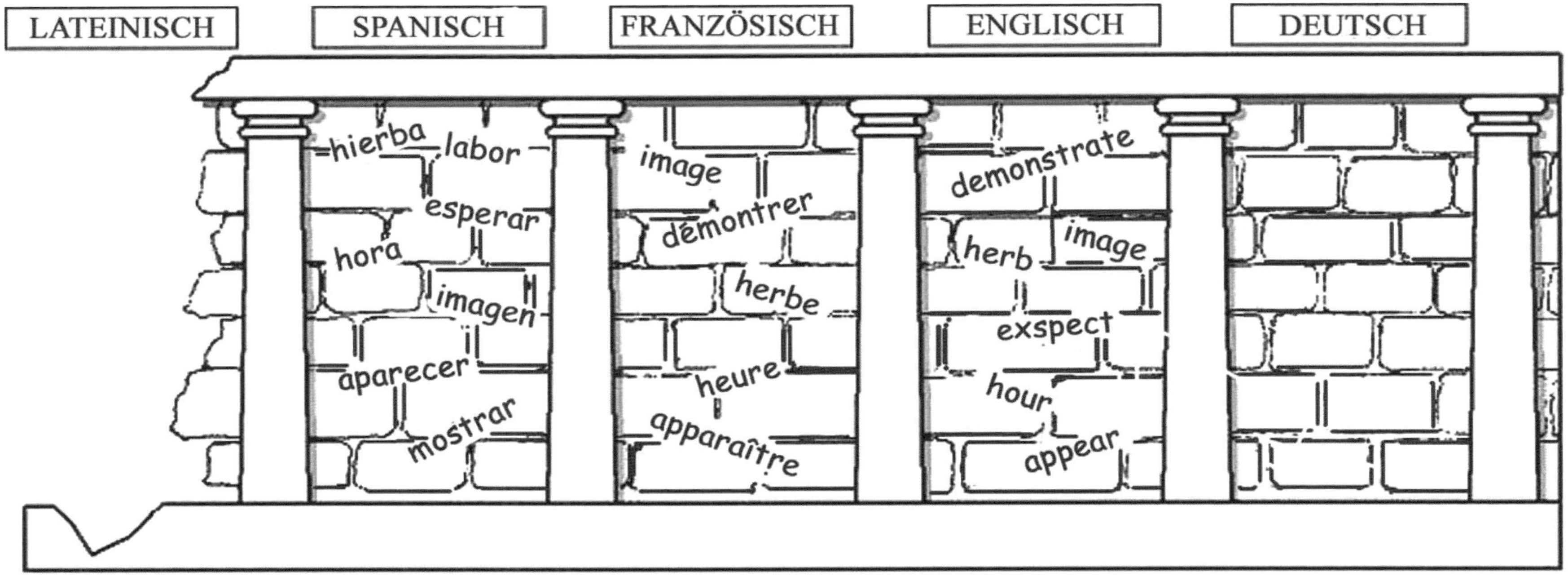

LATEINISCH — **SPANISCH** — **FRANZÖSISCH** — **ENGLISCH** — **DEUTSCH**

Wörter an der Mauer:
- Spanisch: hierba, labor, esperar, hora, imagen, aparecer, mostrar
- Französisch: image, démontrer, herbe, heure, apparaître
- Englisch: demonstrate, image, herb, exspect, hour, appear

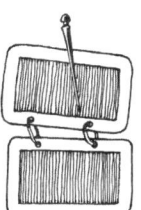

Lateinisch	Spanisch	Französisch	Englisch	Deutsch
imago	imagen	image	image	Bild

© 2011 Vandenhoeck & Ruprecht GmbH & Co. KG

Römischer Unterricht

Aurelia und ihre Mitschüler schreiben auf Wachstafeln, nicht in Hefte. Papier war viel zu teuer für Schreibübungen. Hier siehst du, womit Schüler damals gearbeitet haben.

Man schrieb, indem man mit dem Griffel in die Wachsschicht ritzte. Wenn kein Platz mehr da war oder man einen Fehler gemacht hatte, konnte man mit dem flachen Ende des Griffels alles einfach wieder glatt streichen.

Und auch sonst war einiges anders in der römischen Schule. Vielleicht das Wichtigste: Man musste nicht in die Schule, man durfte! Die meisten Kinder haben kaum mehr als lesen, schreiben und rechnen gelernt. Übli-

Schreibtafel mit *stili*, daneben: Bronzefeder und Tintenfass.

cherweise mussten die Eltern den Unterricht selbst bezahlen, und das konnten oder wollten sich viele Eltern nicht leisten oder jedenfalls nicht lange. Das galt vor allem bei Mädchen. Daher waren Aurelias Eltern eher die Ausnahme.

Aurelia ist in unserer Geschichte spät dran, denn der Unterricht begann sehr früh am Morgen. Es gab eine Mittagspause, dann ging es weiter. Schulschluss war erst nachmittags. Meistens waren die Klassen nicht getrennt. Wie in unserer Geschichte saßen junge und ältere Schüler gemeinsam im Unterricht.

Ein richtiges Schulgebäude gab es nicht, oft war der Unterrichtsraum nur irgendein Vorraum an einem Gebäude, sodass Störungen normal waren.

Die Lehrer waren eher nicht so einfallsreich wie Demosthenes. Dafür gehörten Prügel zum Alltag der Schüler:

Ein Schüler wird bestraft, Wandgemälde aus Herculaneum.

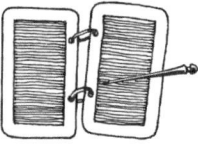 5. Mach es wie die Römer: Bastle dir dein eigenes Schreibgerät. Füller, Kugelschreiber und Papier sind allerdings tabu.

X Deus furum - fur deorum

Aurelius kann seine Götterfigur nicht finden.

Vocabularium

fūr m.	Dieb	**amor** m.	Liebe
Mercŭrius m.	Merkur	**itaque**	deshalb
commercium n.	Handel	**Mārs** m.	Mars
cui sit?	Wem mag sie gehören?	**bellum** n.	Krieg
cŏlĕre	verehren	**Iupiter,** Gen.: **Iŏvis** m.	Juppiter
dea f.	Göttin	**stultus, a, um**	dumm
Iūno f.	Juno	**imprŏbus, a, um**	gemein, böse
Vulcānus m.	Vulcanus	**redde**	gib zurück
Vĕnus f.	Venus	**nōn sōlum … sed**	nicht nur …
īgnis m.	Feuer	**etiam**	sondern auch

Grammatik im Griff

Die Bildung des Genitivs

Schau dir noch einmal folgende Sätze aus dem Text an:

Est statua *dei Mercurii*.	Das ist eine Statue des Gottes Merkur.
Mercurius est deus *commercii* et *mercatorum*.	Merkur ist der Gott des Handels und der Kaufleute.

Um in diesen Sätzen die hervorgehobenen Wörter zu bestimmen, stellt man die Frage: **„Wessen?"**. Dies ist die Frage nach dem 2. Fall, dem **Genitiv**.

Wessen Statue ist das? – die Statue des Gottes Merkur.
Wessen Gott ist Merkur? – der Gott des Handels und der Händler.

Die Formen des Genitivs

Singular		Plural		Deklination
de - **ae**	der Göttin	de - **ārum**	der Göttinnen	1. Deklination
de - **i**	des Gottes	de - **ōrum**	der Götter	2. Deklination (m.)
bell - **i**	des Krieges	bell - **ōrum**	der Kriege	2. Deklination (n.)
mercator - **is**	des Händlers	mercatōr - **um**	der Händler	3. Deklination

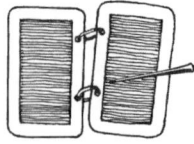

1. Insgesamt gibt es in unserem Text 17 Substantive und Namen im Genitiv. Trage sie in die folgende Tabelle ein und übersetze sie:

Deklination	Genitiv Singular	Genitiv Plural
1. Deklination		
2. Deklination (m.)		
2. Deklination (n.)		
3. Deklination		

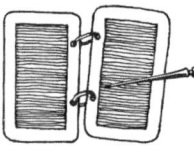

2. Aurelia hat uns gar nicht verraten, welche Gottheit sie selbst am meisten verehrt. Jetzt kannst du es herausbekommen: Finde dazu alle Substantive, die im Genitiv stehen. Ihre Anfangsbuchstaben ergeben den Namen der Gottheit.

deo – mensae – mercatores – ignis – puellas – numeri – equorum – militibus – templa – ranae – pueros – verbi – canem – ancillarum – filium

Lösungswort: _ _ _ _ _ _ _

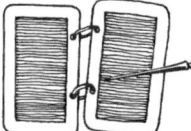

3. Vorsicht: Wortschlange! Hilf Fidus das Ungetüm zu besiegen und markiere die Wortgrenzen.

stultusdeabellumfurcolereimprobusamorcommerciumnonsolumsedetiamignis

Römische Götter

Religion spielte bei den Römern eine viel größere Rolle als bei uns heute. Sie glaubten auch nicht nur an einen Gott, sondern hatten mehrere hundert. Nicht alle waren gleich wichtig. Die obersten, die olympischen Gottheiten, waren dieselben, die auch schon die Griechen verehrten, und hatten auch die gleichen Aufgabengebiete: Jupiter galt als Göttervater und Herrscher über Götter und Menschen, seine Schwester und Ehefrau Iuno war die Beschützerin der Ehe und der Frauen, ihre Tochter Minerva die Göttin der Künste und Wissenschaften; Neptun, der Meeresgott, war ein Bruder von Iupiter, die anderen Olympier sind wieder Kinder des Göttervaters: Apollo, Gott des Lichts und der Musik, Ceres, Göttin der Fruchtbarkeit und des Ackerbaus; Diana, Göttin der Jagd, Mars, der Kriegsgott, Venus, die Liebesgöttin, Mercurius, Götterbote und zuständig für Reisende, Kaufleute und Diebe, Vulcanus, der Gott des Feuers und Vesta, die Beschützerin der Familie. Sie hatten einerseits übermenschliche Fähigkeiten, aber auch viele sehr menschliche Schwächen, wie die antiken Schriftsteller überliefern.

Merkurstatuette, Bronze.

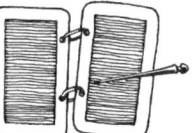

4. Aufgabenverteilung im Götterhimmel
Verbinde nach dem folgenden Beispiel den Namen eines Gottes mit seinem „Aufgabengebiet":

Venus est dea amoris.   Venus ist die Göttin der Liebe.

Mars		ignis
Ceres		venationis (*der Jagd*)
Neptunus		frumenti (*des Getreides*)
Vulcanus	est deus / est dea	artis musicae (*der Musik*)
Apollo		scientiae (*des Wissens*)
Minerva		belli
Diana		maris (*des Meeres*)

Römische Religion

Verehrt wurden die Gottheiten in Tempeln, in denen meist eine große Kultstatue stand. Der „Gottesdienst" fand aber nicht im Tempel statt, sondern an einem Altar draußen davor. Geopfert wurden oft Lebensmittel, bei wichtigen Anlässen wurden Tiere geschlachtet, die dann teils verbrannt, zum Großteil aber an die Anwesenden verteilt wurden, eine willkommene Ergänzung des normalen Speiseplans. Man gab den Göttern etwas, um von ihnen etwas zu bekommen: *Do, ut des.* (Ich gebe, damit du gibst.)

Man konnte die Götter aber überall verehren. In fast jedem Haus gab es kleine Götternischen oder Statuen. Hier verehrte man auch die Laren, die Schutzgötter des Hauses, und die Manen, die Seelen der Verstorbenen.

So fremd uns die römische Religion auch erscheinen mag, so beachtlich ist ihre Toleranz. Stießen die Römer bei ihren Eroberungen auf fremde Götter, wurden sie nicht etwa verboten. Im Gegenteil: Oft akzeptierten die Römer diese Götter selbst – man konnte ja nie wissen –, solange die unterworfenen Völker die römischen Staatsgötter auch verehrten. In der CCA(ra)A gab es für die Verehrung des römischen Kaisers einen besonderen Altar. Auf lateinischen Inschriften aus dem Rheinland finden sich Götternamen wie Sunuxsal, Matronae Vallabneihiae oder Vagdavercustis, die nicht nur von Einheimischen, sondern auch von zugereisten Römern verehrt wurden.

Der Befehlshaber der kaiserlichen Leibgarde beim Opfern für eine germanische Kriegsgöttin, Weihestein.

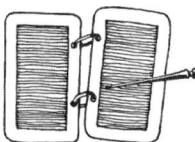

5. Für Aurelias Vater ist der Gott Merkur besonders wichtig – das liegt nahe. Daneben befand sich in seinen Geschäftsräumen noch eine kleine Kultstätte für eine Gottheit namens Nehalennia. Was hat es mit dieser Gottheit auf sich, wofür war sie zuständig – und warum war sie für Aurelius so wichtig? Recherchiere.

XI Dies natalis est – Aurelia hat Geburtstag

Heute hat Aurelia Geburtstag. Jeder hat ein Geschenk für sie ausgesucht.

Vocabularium

nātālis diēs m.	Geburtstag	**bŏnus, a, um**	gut
pĭla f.	Ball	**omnēs**	alle
sŏrŏr f.	Schwester	**convenīre**	zusammenkommen
tībĭa f.	Flöte	**săcrificāre**	opfern
catēna f.	Kette	**grātulantur**	sie gratulieren
appropinquāre	sich nähern	**grātiās agere**	danken

Grammatik im Griff

Die Bildung des Dativs

Schau dir in der Geschichte noch einmal das erste Bild an:

Quintus: „Ego Aureliae pilam dono."   Quintus: „Ich schenke Aurelia einen Ball."

Um in diesem Satz das Wort *Aureliae* zu bestimmen, stellt man die Frage: „**Wem** schenke ich den Ball?" Dies ist die Frage für den **Dativ (dritter Fall)**.

Der Dativ ist der Kasus für das Dativ-Objekt eines Satzes und antwortet auf die Frage „wem?" oder „für wen?".

Der Dativ

Singular		Plural		Deklination
materi - ae	der Ware	*materi - īs*	den Waren	1. Deklination
carr - ō	dem Wagen	*carr - īs*	den Wagen	2. Deklination (m.)
templ - ō	dem Tempel	*templ - īs*	den Tempeln	2. Deklination (n.)
mercator - ī	dem Kaufmann	*mercator - **ibus***	den Kaufmännern	3. Deklination

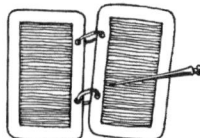

1. Achtung: Verwechslungsgefahr! Notiere, um welche anderen Kasusendungen es sich auch handeln kann:

- ae	Dativ Singular 1. Deklination	*Bsp.: Nominativ Plural der 1. Deklination*
- ō	Dativ Singular 2. Deklination	
- ī	Dativ Singular 3. Deklination	
- īs	Dativ Plural 1. und 2. Deklination	
- ibus	Dativ Plural 3. Deklination	

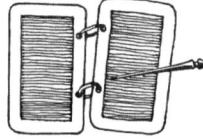

2. Alle auf einen Blick – Wiederhole und ergänze, was man zu den Kasus wissen muss:

Kasus	Frage	Endungen Singular	Endungen Plural
Nominativ:	Wer oder _____?	1. Deklination: 2. Deklination: (m.) (n.) 3. Deklination:	1. Deklination: 2. Deklination: (m.) (n.) 3. Deklination:
Genitiv:		1. Deklination: 2. Deklination: (m.) (n.) 3. Deklination:	1. Deklination: 2. Deklination: (m.) (n.) 3. Deklination:
Dativ:		1. Deklination: 2. Deklination: (m.) (n.) 3. Deklination:	1. Deklination: 2. Deklination: (m.) (n.) 3. Deklination:
Akkusativ:		1. Deklination: 2. Deklination: (m.) (n.) 3. Deklination:	1. Deklination: 2. Deklination: (m.) (n.) 3. Deklination:
Ablativ:		1. Deklination: 2. Deklination: (m.) (n.) 3. Deklination:	1. Deklination: 2. Deklination: (m.) (n.) 3. Deklination:

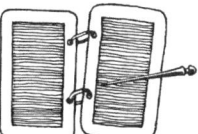

3. Was gehört zusammen?
a) Ergänze die fehlenden Endungen und verbinde zu einem sinnvollen Satz:

Fidus	soror__	cenam parat.
Claudia et Aurelius	amic__	tibiam donat.
Quintus	omn__	crustulum apportat.
Gaius	fili__	gratias agit.
Flavus	amic__	pilam donat.
Aurelia	Aureli__	catenam donant.

b) Übersetze die Sätze.

1. _____
2. _____
3. _____
4. _____
5. _____
6. _____

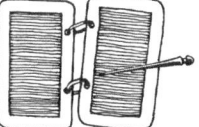

4. Auf dem Markt – Ordne den lateinischen Begriffen die Zahlen zu.

a) demonstrare ____
b) mensa ____
c) forum ____
d) spectare ____
e) corbula ____
f) mater ____
g) murus ____
h) canis ____
i) pater ____
j) crustuli ____
k) panis ____
l) servus ____
m) catena ____
n) porta ____

Römischer Geburtstag

Jeder hat Geburtstag. Aber nur wenigen Römern war das genaue Datum bekannt. Wer seinen Geburtstag kannte, feierte ihn – zumindest bei den Vornehmeren – als einen besonderen Tag: Die Menschen kleideten sich festlich in weiße Gewänder und luden Verwandte und Freunde zu sich ein. Zu Beginn versammelte sich die Geburtstagsgesellschaft im Haus vor den Götterstatuen. Dort opferten die Menschen der Schutzgöttin oder dem Schutzgott des Geburtstagskindes, indem sie z.B. die Götterfigur mit Blumen umkränzten und Lichter anzündeten.

Selbstverständlich kamen die Gäste nicht mit leeren Händen: Die Römer schenkten beispielsweise Luxusgegenstände wie Schmuck oder Statuen. Es kam aber auch vor, dass als Geschenk Gedichte oder andere Texte verfasst wurden. Der Festtag endete mit einem ausgiebigen Festmahl.

Frau mit Haarschmuck, Ohrringen und Halsband mit Mondsichel-Anhänger, Tonfigur.

Geburtstagslieder auf Latein

Fortunam bonam tibi (Text: M. Hartmanns)

Optima optamus (Text: M. Hartmanns)

XII Saturnalia adsunt – Saturnalien

Vocabularium

adesse	da sein	**gūstāre**	probieren
saltāre	tanzen	**post** (m. Akk.)	nach
bibere	trinken	**cantāre**	singen
pīlleus m.	Mütze	**tibi**	dir
gĕrĕre	tragen	**unguentum n.**	Creme
auris f.	Ohr	**alĕa f.**	Würfel
ērigere	erheben, spitzen	**tibi placeant**	hoffentlich gefallen sie dir
audīre	hören	**līberī m.**	Kinder
gaudēre	sich freuen	**hoc n.**	dieses
parātus, a, um	zubereitet, fertig	**vester, vestra, vestrum**	euer, eure, eures
cibus m.	Speise		
nōs	wir, uns		

Grammatik im Griff

Der Vokativ

Der Begriff „Vokativ" stammt vom lateinischen Wort *vocare* – „rufen". Seine Endung entspricht weitgehend der des Nominativs.

„*Salve, Aurelia!*" „Sei gegrüßt, Aurelia!"
„*Salve, mater!*" „Sei gegrüßt, Mutter!"

Es gibt nur eine Ausnahme: Maskulina der 2. Deklination, die auf -us enden, bilden im Singular den Vokativ auf -e!

„*Salve, Quinte!*" „Sei gegrüßt, Quintus!"
„*Salve, Flave!*" „Sei gegrüßt, Flavus!"

Der Vokativ ist der Kasus der Anrede. Man braucht ihn, wenn jemand direkt angesprochen oder gerufen wird.

Der Vokativ

Singular		Plural		Deklination
*Salve, puell - **a**!*	Sei gegrüßt, Mädchen!	*Salvete, puell - **ae**!*	Seid gegrüßt, Mädchen!	1. Deklination
*Salve, discipul - **e**!*	Sei gegrüßt, Schüler!	*Salvete, discipul - **i**!*	Seid gegrüßt, Schüler!	2. Deklination (m.)
Salve, mercator!	Sei gegrüßt, Kaufmann!	*Salvete, mercator - **es**!*	Seid gegrüßt, Kaufmänner!	3. Deklination

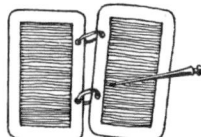
1. Schreibe alle Vokative aus der letzten Geschichte heraus. Tipp: Es gibt drei!

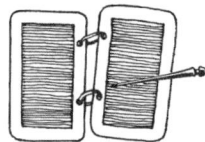
2. Begrüße andere Kinder aus deinem Kurs lateinisch.

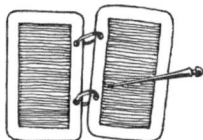
3. Gegensätze ziehen sich an! Finde die Wortpaare und verbinde sie.

cum	discipulus
agere	amor
iacere	sine
bellum	mercator
invadere	laetus
in	dormire
magnus	properare
fur	parvus
magister	ex
maestus	evadere

(agere ↔ dormire)

Römische Feiertage

Die Römer hatten keinen Donnerstag und auch keinen Montag. Sie kannten auch kein freies Wochenende, denn unsere Einteilung der Woche hat jüdisch-christliche Ursprünge und war den Römern deswegen ebenso wenig vertraut wie Weihnachten und Ostern.

Aber es gab eigene römische Feiertage, sogar ziemlich viele, meistens religiöser Art, verbunden mit Festen und Wettkämpfen zu Ehren der Götter. Daneben hatten die Römer historische Gedenktage, wie den Jahrestag der angeblichen Gründung Roms, und die Feiertage, die mit dem regierenden Kaiser oder seinen Vorgängern zu tun hatten, z.B. sein Geburtstag oder der Tag eines wichtigen militärischen Sieges. Im Laufe der Kaiserzeit nahm gerade die Zahl dieser Festtage stark zu, sodass im zweiten Jahrhundert im Durchschnitt fast jeder zweite Tag ein Feiertag war.

Kanne und Becher aus Ton mit Aufschriften: REPLE ME – Füll mich wieder auf! VIVAMUS – Lasst uns das Leben genießen!

Allerdings hatten nicht alle an solch einem Feiertag auch frei. Das hing oft von der persönlichen Religiosität ab, aber auch vom Beruf und der Frage, ob man es sich überhaupt leisten konnte, an einem Tag nicht zu arbeiten. Ein Teil der Festtage wurde aber von allen gefeiert. Dann blieben Geschäfte und öffentliche Einrichtungen wie Gerichte geschlossen, auch die Schulen.

Dazu gehörten auf jeden Fall die Saturnalien, ursprünglich ein Fest zu Ehren des Gottes Saturn am 17. Dezember, das im Laufe der Zeit aber bis zum 23. Dezember ausgeweitet wurde. Es war üblich, sich gegenseitig zu besuchen und zu beschenken, es wurde viel getrunken, und sogar sonst verbotene Glücksspiele z.B. mit Würfeln waren erlaubt. Vor allem aber galten für ein paar Tage die strengen gesellschaftlichen Unterschiede nicht: Sklaven wurden von ihren Herren wie Gleichgestellte behandelt oder man tauschte die Rollen und die Sklaven wurden von ihren Herren bedient.

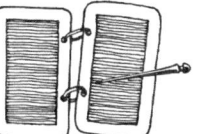

4. Seit Julius Caesar hatten die Römer wie wir ein Jahr mit 365 Tagen, aufgeteilt in zwölf Monate. Bringe die lateinischen Monatsnamen in die richtige Reihenfolge.

Aprilis – Augustus – Februarius – December – Ianuarius – Iulius – Iunius – Maius – Martius – November – October – September

Alphabetisches Vokabelverzeichnis

ā/ab *(mit Abl.)*	von	8	dŏmum	nach Hause	6
abesse	fort sein, fehlen	8	dōnāre	schenken	7
ad *(mit Akk.)*	zu, bei, an	6	dōnum n.	Geschenk	8
adesse	da sein	12	dormīre	schlafen	5
adhūc	hierher	2			
adĭuvāre	unterstützen	8	ē/ex *(mit Abl.)*	aus	8
agere	tun, machen	3	ecce	sieh!	2
ālĕa f.	Würfel	12	ĕgŏ	ich	1
amāre	lieben, mögen	3	ēheu	au weh	3
ambulāre	spazierengehen	6	ērigere	erheben, spitzen	12
amīca f.	Freundin	1	es	du bist	1
amīcus m.	Freund	1	estis	ihr seid	3
amor m.	Liebe	10	et	und	1
ancilla f.	Dienerin	1	etiam	auch	3
appārēre	erscheinen	9	ēvādere	hinausgehen	2
apportāre	bringen	4	expellere	vertreiben	9
appropinquāre	sich nähern	11	explanāre	erklären	9
apud *(mit Akk.)*	bei	2	expōnere	erklären	9
audīre	hören	12	exspectāre	warten auf	9
auris f.	Ohr	12			
			făcere	tun, machen	4
bellum n.	Krieg	10	familia f.	Familie	7
bene *(Adv.)*	gut	1	fēlēs f.	Katze	4
bibere	trinken	12	fenestra f.	Fenster	8
Bonna f.	Bonn	1	ferula f.	Stock, Rute	9
bonus, a, um	gut	11	festīnāre	eilen	6
			fīlia f.	Tochter	1
cănis m.	Hund	1	flŭvius m.	Fluss	2
cantāre	singen	12	fōrmōsus, a, um	schön	7
capere	nehmen	4	fortāsse	vielleicht	8
carrus m.	Wagen, Karre	6	fŏrum n.	Marktplatz	2
catēna f.	Kette	11	frāter m.	Bruder	1
cĕleriter *(Adv.)*	schnell	8	frūctus m.	Frucht	9
cēna f.	Speise, Essen	5	fūr m.	Dieb	10
cibus m.	Speise	12			
cista f.	Kiste	8	gaudēre	sich freuen	12
clam	heimlich	6	gēns f.	Stamm	2
cŏlĕre	verehren	10	gĕrĕre	tragen	12
colōnia f.	Kolonie	2	Germānicus, a, um	germanisch	2
commercium n.	Handel	10	Germānus m.	Germane	1
compŭtāre	rechnen	9	grātiās agere	danken	11
convenire	zusammenkommen	11	grātulantur	sie gratulieren	11
cōpiae f.	Vorräte	5	gūstāre	probieren	12
coquere	kochen	1			
coquus m.	Koch	1	habēre	haben	5
corbula f.	Korb	8	habitare	wohnen	2
crūstulum n.	Keks	9	heia	Hallo	1
cum *(m. Abl.)*	mit	8	herba f.	Pflanze	9
cūr	warum?	8	hīc	hier	2
			hoc	dieses	12
dea f.	Göttin	10	hŏdĭē	heute	4
dēbēre	müssen	9	hōra f.	Stunde	9
dēmōnstrāre	zeigen	9			
dēpōnere	ablegen	5	iacēre	liegen	5
deus m.	Gott	9	iacĕre	werfen	3
dĭgĭtus m.	Finger	9	ibi	dort	1
discĭpŭlus m.	Schüler	9	id est	das bedeutet	2

Latein	Deutsch	L
īgnis m.	Feuer	10
imāgō f.	Bild	9
imprŏbus, a, um	gemein, böse	10
in *(mit Akk.)*	in hinein. auf	6
in *(mit Abl.)*	in	8
incŏlae m./f.	die Einwohner	2
inīre	betreten, treten auf	6
īnstrūmentum n.	Hilfsmittel	9
inter *(mit Akk.)*	zwischen	6
invādere	hineingehen	2
invĕnīre	finden	8
invĭdus, a, um	eifersüchtig	7
īrātus, a, um	zornig	9
itaque	deshalb	10
iter facere	reisen	6
labōrāre	arbeiten	9
laetus, a, um	fröhlich	7
lavāre	waschen	5
lectus m.	Bett	8
lēgātus m.	Statthalter	2
līberī m.	Kinder	12
līberta f.	freigelassene Sklavin	1
littera f.	Buchstabe	9
lucrum n.	Gewinn	1
lūdere	spielen	3
maestus, a, um	traurig	8
magister m.	Lehrer	9
māgnus, a, um	groß	1
māter f.	Mutter	1
māteria f.	Ware	4
mē	mich	8
mēcum	mit mir	4
mēnsa f.	Tisch	8
mercātor m.	Händler	1
meus, a, um	mein	8
mīles m.	Soldat	1
mōns m.	Berg	6
monumentum n.	Denkmal	2
mox	bald	4
multī, ae, a	viele	9
mūrus m.	Mauer	2
nātālis diēs m.	Geburtstag	11
nāvis f.	Schiff	4
neglegere	vernachlässigen	7
nōn	nicht	3
nōn iam	nicht mehr	3
nōnnūllī, ae ,a	einige	9
nōn sōlum...sed etiam	nicht nur … sondern auch	10
nōs	wir, uns	12
nucēs f.	Nüsse	3
nunc	jetzt, nun	3
occultāre	verstecken	7
ŏdor m.	Duft	9
omnēs	alle	11
onerāre	beladen	4
optimus	der Beste	3
parāre	bereiten	5
parātus, a, um	zubereitet, fertig	12
parvus, a, um	klein	7
păter m.	Vater	1
per *(mit Akk.)*	durch, über	6
pervenīre	gelangen	6
petere	hingehen, gelangen	6
pĭla f.	Ball	11
pīlleus m.	Mütze	12
piscis m.	Fisch	4
porta f.	Tor, Tür	2
portus m.	Hafen	2
posse	können	3
possunt	sie können	2
post *(mit Akk.)*	nach	12
postea	danach	6
praemium n.	Belohnung	8
praetōrium n.	Prätorium, Dienstsitz	2
prīmō	zuerst	9
probāre	probieren	6
properāre	sich beeilen	9
puella f.	Mädchen	1
quaerere	suchen	8
quaesō	bitte	6
quid	was?	3
quis	wer?	3
quoque	auch	6
redīre	zurückkehren	6
rĕgĕre	regieren	2
remittere	zurückschicken	6
revĕnīre	zurückkommen	8
Rhēnus m.	Rhein	2
rīdēre	lachen	7
săcrificāre	opfern	11
salīre	springen	6
saltāre	tanzen	12
salūtāre	begrüßen	7
salvē	hallo, sei gegrüßt	1
salvēte	seid gegrüßt	1
schŏla f.	Schule	9
scrībere	schreiben	9
secāre	schneiden	5
sēcum	mit sich	9
secundus, a, um	der zweite	9
sed	aber; sondern	3
sĕdēre	sitzen	2
semper	immer	3
sepulcrum n.	Grabmal	6
sērō	spät	9
servus m.	Sklave	1
sōlus, a, um	allein, einsam	7
sŏrŏr f.	Schwester	11
spectāre	beobachten	4

© 2011 Vandenhoeck & Ruprecht GmbH & Co. KG

statim	sofort	6
statua f.	Statue	9
stĭlus m.	Stift	9
stultus, a, um	dumm	10
stŭpēre	stutzen	8
sub *(mit Abl.)*	unter	8
subitō	plötzlich	4
sum	ich bin	1
sumus	wir sind	3
sunt	sie sind	2
taberna f.	Gastwirtschaft	6
tăbŭla f.	Tafel	9
tăm	so (sehr)	8
tandem	endlich	6
tē	dich	9
tecum	mit dir	8
tēgula f.	Ziegelstein	6
templum n.	Tempel	2
thermae f.	Thermen, Bäder	2
tibī	dir	12
tībĭa f.	Flöte	11
torrēre	braten	5
trāns *(mit Akk.)*	über	6
tū	du	1
turbātor m.	Störenfried	3
ubī	wo?	1
Ubii m.	Ubier (germ. Volksstamm)	2
unguentum n.	Creme	12
ut	wie	3
valē	lebe wohl	6
venire	kommen	2
verbum n.	Wort	9
vester, vestra, vestrum	euer	12
vĭa f.	Straße, Weg	6
vĭa militāria	Militärstraße	6
villa f.	Landhaus; Landgut	6
vidēre	sehen	3
vincere	siegen	3
vīnētum n.	Weinberg	6
vīnum n.	Wein	6
vīsitāre	besuchen	4
vĭtreus, a, um	gläsern, aus Glas	7
volō	ich will	6
volumus	wir wollen	6